August Bolm

Die auf Buchhandel und Presse bezüglichen gesetzlichen Vorschriften in Deutschland, Österreich und Schweiz

August Bolm

Die auf Buchhandel und Presse bezüglichen gesetzlichen Vorschriften in Deutschland, Österreich und Schweiz

ISBN/EAN: 9783743335172

Hergestellt in Europa, USA, Kanada, Australien, Japan

Cover: Foto ©ninafisch / pixelio.de

Manufactured and distributed by brebook publishing software (www.brebook.com)

August Bolm

Die auf Buchhandel und Presse bezüglichen gesetzlichen Vorschriften in Deutschland, Österreich und Schweiz

Die auf

Buchhandel und Presse

bezüglichen

gesetzlichen Vorschriften

in

Deutschland, Oesterreich und Schweiz.

Berlin.

August Bolms Verlag.

1884.

Vorwort.

Es erscheint auf den ersten Blick gewagt, wenn ich den mehrfach vorhandenen, meist vortrefflichen Lehrbüchern über den Buchhandel noch ein neues hinzugeselle, zumal das Loos einer, im Verhältniß nur von Wenigen gekauft zu werden, mich von meinem Vorhaben abschrecken müßte.

Doch wenn auch der Buchhändler nach dem übereinstimmenden Urtheil seiner Fachschriftsteller selber der schlechteste Bücherkäufer ist, habe ich dennoch niemals Grund gehabt, mich beklagen zu können, indem der Buchhandel von Anfang an für alle meine Unternehmungen großes Interesse zeigte. Hierauf bauend, glaube ich, dieses neue Unternehmen wagen zu sollen.

Wie bisher werde ich auch hier meinen eigenen Weg gehen.

Lehrten meine Vorgänger den Buchhandel, dessen Begriffe und Kenntnisse man praktisch in der Lehr- und Gehilfenzeit erwirbt, so verfolge ich dagegen das Prinzip, den Betrieb des Buchhandels nach eigenartiger moderner Methode darzustellen, welche von der gebräuchlichen durchaus verschieden ist. Ich will zeigen, wie man den Buchhandel nicht betreiben soll.

Es ist keineswegs Anmaßung, wenn ich behaupte, daß der Buchhandel vielfach nach ganz falschen Grundsätzen betrieben wird. Damit ziele ich nicht auf gewisse Betriebsweisen, deren Anwendung sich nicht für Alle schickt, nein, ich meine, daß die ganze Art den Buchhandel zu betreiben, einer gründlichen Verbesserung bedarf.

Wohl bin ich befugt, ein solches Urtheil auszusprechen, da ich aus eigener Anschauung den Betrieb vieler Buchhandlungen kennen gelernt und deren Methode geprüft habe. Ueberall herrscht der gleiche, althergebrachte Modus, welcher erst in neuerer Zeit sich zu ändern beginnt, seitdem meine

Bemühungen, einen rationellen Betrieb des Buchhandel's ein=
zuführen, Anklang gefunden haben.

In meiner Absicht liegt es, mich nur auf das Noth=
wendige zu beschränken und alles auszuschließen, was nicht
im engen Zusammenhang mit der Lehre von dem Betriebe
des Buchhandels und seiner Nebenzweige steht. So unter=
lasse ich die Aufführung der gebräuchlichen Geschäftsformulare,
mit welchen sehr leicht Bogen zu füllen wären, weil diese
durch ihre allgemeine Anwendung Jedem bekannt sind. Andererseits
werde ich jedoch die einschlägigen gesetzlichen Bestimmungen mit=
theilen, da deren Kenntniß für den Buchhandel nothwendig ist,
zumal dieser Mangel eines Wissens vielen Buchhändlern oft
unendlichen Schaden zufügte.

Eine ganz besondere Vorliebe hege ich für die Neben=
zweige des Buchhandels, welche von meinen Vorgängern
entweder gar nicht oder nur dürftig dargestellt wurden, deren
Betrieb aber, richtig ergriffen, außerordentlich vortheilhaft
werden kann.

Wenn ich mich hin und wieder in der Form vergriffen
haben sollte, wolle man billigerweise berücksichtigen, daß
vielerlei Verpflichtungen mich zu einer raschen Arbeit zwingen.

Berlin, im Februar 1884.

August Bolm.

1. Die auf die Concession resp. das Etablissement bezüglichen gesetzlichen Vorschriften.

A. In Deutschland.

Der Betrieb des Buchhandels oder verwandter Geschäftszweige unterliegt keinerlei Beschränkungen. Gesetzlich erforderlich ist die Etablissements=Anzeige, sowie die Anmeldung des Geschäfts=Lokals bei der zuständigen Ortsbehörde (Polizei=Verwaltung.) Jeder Wechsel des Lokals ist bei derselben Behörde am Tage des Eintritts desselben anzumelden. (Gewerbeordnung v. 21/6 1869. § 14.)

Die Geschäfte des Buchhändlers sind als Handelsgeschäfte zu beurtheilen. (Hand. G. B. Art. 272. No. 5.) Jeder Kaufmann (Buchhändler) ist verpflichtet, seine Firma bei dem Handelsgerichte, in dessen Bezirk seine Handelsniederlassung sich befindet, behufs der Eintragung in das Handelsregister anzumelden; er hat dieselbe nebst seiner persönlichen Unterschrift vor dem Handelsgerichte zu zeichnen oder die Zeichnung derselben in beglaubigter Form einzureichen. (Hand. G. B. Art. 19.)

B. In Oesterreich.

Das Gewerbe des Buchhandels untersteht der Gewerbeordnung vom 20. Dezember 1859. Die Geschäfte des Buchhandels sind Handelsgeschäfte, welche in ihren Consequenzen den Bestimmungen des Handelsgesetzbuches unterliegen.

Der Betrieb des Buchhandels ist sowohl In= wie Ausländern gegen Concession gestattet. Als gesetzliche Erfordernisse kommen dabei in Betracht: majorennes Alter von 24 Jahren, Verläßlichkeit, Unbescholtenheit, der Ausweis einer genügenden allgemeinen Bildung; auch soll

das Buchhändler=Gewerbe „in .   in Orten,
an welchen eine „politische Behö.   .. Sitz hat, er=
richtet werden dürfen. Vor Erlangung einer Concession
darf ein „Concessionirtes" Gewerbe nicht betrieben werden.
(§§ 17—19.)

Vorstehende Bestimmungen erstrecken sich nicht auf den
ausschließlichen Handel mit Bibeln, Schul= und Gebet=
büchern, Kalendern und Heiligenbildern; diesen Handel
kann die „Sicherheitsbehörde des Orts," dagegen die „poli=
tische Landesstelle" den Verkauf periodischer Druckschriften
auf Antrag bestimmter Personen für einen zu bezeichnenden
Bezirk auf Widerruf verleihen. (§ 19. u. Preßgesetz von
17/12 62.)

Von einer Concession befreit sind demnach der Handel
mit Buchbinder=Artikeln, sowie der Colportage=
buchhandel. Diese Erleichterung hat zu den großen Er=
folgen beigetragen, welche die meisten Lieferungswerke ge=
rade in Oesterreich erzielen.

Das Gesuch um Verleihung einer Concession ist bei
den politischen Verwaltungsbehörden erster Instanz, nämlich
den Statthaltereien eines jeden Kronlandes für den Betrieb
des Sortiments= wie Verlagsbuchhandels, von Leihbiblio=
theken oder Lesezirkeln schriftlich einzureichen, kann jedoch
auch mündlich zu Protokoll gegeben werden. Die Anmel=
dung ist stempelpflichtig und beträgt der Stempel in Orten
je nach Größe der Einwohnerzahl 2—6 Fl.

Die oberste Instanz, d. i. das Ministerium des Innern,
ertheilt die ausnahmsweise Bewilligung zu Errichtung von
Preßgewerben (Buchhandel u. s. w.) außerhalb der Orte,
in welchen eine politische Behörde sich befindet. (§ 143.)

Für die Concession wird ein förmliches Decret ange=
fertigt, auch ist von der Ertheilung die betreffende Genossenschaft
(Gremium) durch die Behörde in Kenntniß zu setzen.

Geht ein concessionirtes Gewerbe durch Erbschaft
oder Kauf auf eine andere Person über, so bedarf es einer
neuen Concession. Nur für Rechnung der Wittwe oder
der minderjährigen Erben bleibt die alte Concession (für
Letztere bis zur erreichten Großjährigkeit) fortbestehen. (§ 59.)

Die Concession kann zurückgenommen und der fernere Betrieb untersagt werden, wenn der ursprüngliche oder noch fortdauernde Mangel eines der gesetzlichen Erfordernisse zum Vorschein kommt, desgleichen wenn der Concessionär das Gewerbe binnen 6 Monaten nach Verleihung nicht in Betrieb setzt oder denselben ebenso lange aussetzt. (§ 60.) Ferner kann dem Inhaber eines Preßgewerbes die Concession oder die Gewerbeberechtigung entzogen werden, wenn er wegen Verbreitung von Schriften strafbaren Inhalts innerhalb 2 Jahren dreimal bestraft oder wenn er wegen einer der im § 7 der Gewerbeordnung v. 20/12 59 genannten strafbaren Handlungen verurtheilt worden ist. (Preßgesetz v. 17/12 62.)

C. In der Schweiz.

Die Freiheit des Handels ist im ganzen Umfange der Eidgenossenschaft gewährleistet. (Bundesverfassung Art. 31 v. 19/4. 1874.)

Bei der Errichtung eines Geschäfts hat die Anmeldung desselben beim Regierungs-Statthalter-Amt zu erfolgen.

Das zurückgelegte zwanzigste Lebensjahr berechtigt zum selbständigen Betrieb eines Gewerbes.

2. Die auf den Betrieb des Buchhandels und auf die Presse bezüglichen gesetzlichen Vorschriften.

A. In Deutschland.

Aus dem Strafgesetzbuch für das deutsche Reich vom 31. Mai 1870.

§ 184. Wer unzüchtige Schriften, Abbildungen oder Darstellungen verkauft, vertheilt oder sonst verbreitet, oder an Orten, welche dem Publikum zugänglich sind, ausstellt oder anschlägt, wird mit Geldstrafe bis zu 300 Mark oder mit Gefängniß bis zu sechs Monaten bestraft.

Gesetz über die Presse.
Vom 7. Mai 1874.

I. Einleitende Bestimmungen.

§ 1. Die Freiheit der Presse unterliegt nur denjenigen Beschränkungen, welche durch das gegenwärtige Gesetz vorgeschrieben oder zugelassen sind.

§ 2. Das gegenwärtige Gesetz findet Anwendung auf alle Erzeugnisse der Buchdruckerpresse, sowie auf alle anderen, durch mechanische oder chemische Mittel bewirkten, zur Verbreitung bestimmten Vervielfältigungen von Schriften und bildlichen Darstellungen mit oder ohne Schrift, und von Musikalien mit Text oder Erläuterungen.

Was im Folgenden von „Druckschriften" verordnet ist, gilt für alle vorstehend bezeichneten Erzeugnisse.

§ 3. Als Verbreitung einer Druckschrift im Sinne dieses Gesetzes gilt auch das Anschlagen, Ausstellen oder Auslegen derselben an Orten, wo sie der Kenntnißnahme durch das Publikum zugänglich ist.

§ 4. Eine Entziehung der Befugniß zum selbständigen Betriebe irgend eines Preßgewerbes oder sonst zur Herausgabe und zum Vertriebe von Druckschriften kann weder im administrativen, noch im richterlichen Wege stattfinden.

Im Übrigen sind für den Betrieb der Preßgewerbe die Bestimmungen der Gewerbeordnung maßgebend.

§ 5. Die nichtgewerbsmäßige öffentliche Verbreitung von Druckschriften kann durch die Ortspolizeibehörde denjenigen Personen verboten werden, welchen nach § 57 der Gewerbeordnung ein Legitimationsschein versagt werden darf.

Zuwiderhandlungen gegen ein solches Verbot werden nach § 148 der Gewerbeordnung bestraft.

II. Ordnung der Presse.

§ 6. Auf jeder im Geltungsbereich dieses Gesetzes erscheinenden Druckschrift muß der Name und Wohnort des Druckers, und wenn sie für den Buchhandel oder sonst zur Verbreitung bestimmt ist, der Name und Wohnort des Ver=

legers, oder — beim Selbstvertriebe der Druckschrift — des Verfassers oder Herausgebers genannt sein. An Stelle des Namens des Druckers oder Verlegers genügt die Angabe der in das Handelsregister eingetragenen Firma.

Ausgenommen von dieser Vorschrift sind die nur zu den Zwecken des Gewerbes und Verkehrs, des häuslichen und geselligen Lebens dienenden Druckschriften, als: Formulare, Preiszettel, Visitenkarten und dergleichen, sowie Stimmzettel für öffentliche Wahlen, sofern sie nichts weiter als Zweck, Zeit und Ort der Wahl und die Bezeichnung der zu wählenden Personen enthalten.

§ 7. Zeitungen und Zeitschriften, welche in monatlichen oder kürzeren, wenn auch unregelmäßigen Fristen erscheinen (periodische Druckschriften im Sinne dieses Gesetzes), müssen außerdem auf jeder Nummer, jedem Stücke oder Hefte den Namen und Wohnort des verantwortlichen Redakteurs enthalten.

Die Benennung mehrerer Personen als verantwortliche Redakteure ist nur dann zulässig, wenn aus Form und Inhalt der Benennung mit Bestimmtheit zu ersehen ist, für welchen Theil der Druckschrift jede der benannten Personen die Redaktion besorgt.

§ 8. Verantwortliche Redakteure periodischer Druckschriften dürfen nur Personen sein, welche verfügungsfähig, im Besitze der bürgerlichen Ehrenrechte sind und im Deutschen Reiche ihren Wohnsitz oder gewöhnlichen Aufenthalt haben.

§ 9. Von jeder Nummer (Heft, Stück) einer periodischen Druckschrift muß der Verleger, sobald die Austheilung oder Versendung beginnt, ein Exemplar gegen eine ihm sofort zu ertheilende Bescheinigung an die Polizeibehörde des Ausgabeorts unentgeltlich abliefern.

Diese Vorschrift findet keine Anwendung auf Druckschriften, welche ausschließlich Zwecken der Wissenschaft, der Kunst, des Gewerbes oder der Industrie dienen.

§ 10. Der verantwortliche Redakteur einer periodischen Druckschrift, welche Anzeigen aufnimmt, ist verpflichtet, die ihm von öffentlichen Behörden mitgetheilten amtlichen Bekanntmachungen auf deren Verlangen gegen Zahlung der üblichen Einrückungsgebühren in eine der beiden nächsten Nummern des Blattes aufzunehmen.

§ 11. Der verantwortliche Redakteur einer periodischen Druckschrift ist verpflichtet, eine Berichtigung der in letzterer mitgetheilten Thatsachen auf Verlangen einer betheiligten öffentlichen Behörde oder Privatperson ohne Einschaltungen oder Weglassungen aufzunehmen, sofern die Berichtigung von dem Einsender unterzeichnet ist, keinen strafbaren Inhalt hat und sich auf thatsächliche Angaben beschränkt.

Der Abdruck muß in der nach Empfang der Einsendung nächstfolgenden, für den Druck nicht bereits abgeschlossenen Nummer und zwar in demselben Theile der Druckschrift und mit derselben Schrift, wie der Abdruck des zu berichtigenden Artikels geschehen.

Die Aufnahme erfolgt kostenfrei, soweit nicht die Ent= gegnung den Raum der zu berichtigenden Mittheilung über= schreitet; für die über dieses Maß hinausgehenden Zeilen sind die üblichen Einrückungsgebühren zu entrichten.

§ 12. Auf die von den deutschen Reichs=, Staats= und Gemeindebehörden, von dem Reichstage oder von der Landes= vertretung eines deutschen Bundesstaats ausgehenden Druck= schriften finden, soweit sich ihr Inhalt auf amtliche Mit= theilungen beschränkt, die Vorschriften der §§ 6—11 keine Anwendung.

§ 13. Die auf mechanischem oder chemischem Wege ver= vielfältigten periodischen Mittheilungen (lithographirte, auto= graphirte, metallographirte, durchschriebene Korrespondenzen) unterliegen, sofern sie ausschließlich an Redaktionen verbreitet werden, den in diesem Gesetze für periodische Druckschriften getroffenen Bestimmungen nicht.

§ 14. Ist gegen eine Nummer (Stück, Heft) einer im Auslande erscheinenden periodischen Druckschrift binnen Jahres= frist zweimal eine Verurtheilung auf Grund der §§ 41 und 42 des Strafgesetzbuchs erfolgt, so kann der Reichskanzler innerhalb zwei Monaten nach Eintritt der Rechtskraft des letzten Erkenntnisses das Verbot der ferneren Verbreitung dieser Druckschrift bis auf zwei Jahre durch öffentliche Be= kanntmachung aussprechen.

Die in den einzelnen Bundesstaaten auf Grund der Landesgesetzgebung bisher erlassenen Verbote ausländischer periodischer Druckschriften treten außer Wirksamkeit.

§ 15. In Zeiten der Kriegsgefahr oder des Krieges können Veröffentlichungen über Truppenbewegungen oder Vertheidigungsmittel durch den Reichskanzler mittelst öffentlicher Bekanntmachung verboten werden.

§ 16. Oeffentliche Aufforderungen mittelst der Presse zur Aufbringung der wegen einer strafbaren Handlung erkannten Geldstrafen und Kosten, sowie öffentliche Bescheinigungen mittelst der Presse über den Empfang der zu solchen Zwecken gezahlten Beiträge sind verboten.

Das zufolge solcher Aufforderungen Empfangene oder der Werth desselben ist der Armenkasse des Orts der Sammlung für verfallen zu erklären.

§ 17. Die Anklageschrift oder andere amtliche Schriftstücke eines Strafprozesses dürfen durch die Presse nicht eher veröffentlicht werden, als bis dieselben in öffentlicher Verhandlung kund gegeben worden sind oder das Verfahren sein Ende erreicht hat.

§ 18. Mit Geldstrafe bis zu eintausend Mark oder mit Haft oder mit Gefängniß bis zu sechs Monaten werden bestraft:
1. Zuwiderhandlungen gegen die in den §§ 14, 15, 16 und 17 enthaltenen Verbote;
2. Zuwiderhandlungen gegen die Bestimmungen der §§ 6, 7 und 8, welche durch falsche Angaben mit Kenntniß der Unrichtigkeit begangen werden.

Dieselbe Strafe trifft den Verleger einer periodischen Druckschrift auch dann, wenn er wissentlich geschehen läßt, daß auf derselben eine Person fälschlich als Redakteur benannt wird.

§ 19. Mit Geldstrafe bis zu einhundertundfünfzig Mark oder mit Haft werden bestraft:
1. Zuwiderhandlungen gegen die §§ 6, 7 und 8, welche nicht durch § 18, Ziffer 2 getroffen sind;
2. Zuwiderhandlungen gegen den § 9;
3. Zuwiderhandlungen gegen die §§ 10 und 11.

In den Fällen der Ziffer 3 tritt die Verfolgung nur auf Antrag ein, und hat das Strafurtheil zugleich die Aufnahme des eingesandten Artikels in die nächstfolgende Nummer anzuordnen. Ist die unberechtigte Verweigerung im guten Glauben geschehen, so ist unter Freisprechung von Strafe und Kosten lediglich die nachträgliche Aufnahme anzuordnen.

III. Verantwortlichkeit für die durch die Presse begangenen strafbaren Handlungen.

§ 20. Die Verantwortlichkeit für Handlungen, deren Strafbarkeit durch den Inhalt einer Druckschrift begründet wird, bestimmt sich nach den bestehenden allgemeinen Strafgesetzen.

Ist die Druckschrift eine periodische, so ist der verantwortliche Redakteur als Thäter zu bestrafen, wenn nicht durch besondere Umstände die Annahme seiner Thäterschaft ausgeschlossen wird.

§ 21. Begründet der Inhalt einer Druckschrift den Thatbestand einer strafbaren Handlung, so sind

der verantwortliche Redakteur,

der Verleger,

der Drucker,

derjenige, welcher die Druckschrift gewerbsmäßig ver= trieben oder sonst öffentlich verbreitet hat (Ver= breiter),

soweit sie nicht nach § 20 als Thäter oder Theilnehmer zu bestrafen sind, wegen Fahrlässigkeit mit Geldstrafe bis zu ein= tausend Mark oder mit Haft oder mit Festungshaft oder Ge= fängniß bis zu einem Jahre zu belegen, wenn sie nicht die Anwendung der pflichtgemäßen Sorgfalt oder Umstände nach= weisen, welche diese Anwendung unmöglich gemacht haben.

Die Bestrafung bleibt jedoch für jede der benannten Personen ausgeschlossen, wenn sie als den Verfasser oder den Einsender, mit dessen Einwilligung die Veröffentlichung ge= schehen ist, oder, wenn es sich um eine nicht periodische Druck= schrift handelt, als den Herausgeber derselben, oder als einen der in obiger Reihenfolge vor ihr Benannten eine Person bis zur Verkündigung des ersten Urtheils nachweist, welche in dem Bereich der richterlichen Gewalt eines deutschen Bundes= staates sich befindet, oder falls sie verstorben ist, sich zur Zeit der Veröffentlichung befunden hat; hinsichtlich des Verbreiters ausländischer Druckschriften außerdem, wenn ihm dieselben im Wege des Buchhandels zugekommen sind.

IV. Verjährung.

§ 22. Die Strafverfolgung derjenigen Verbrechen und Vergehen, welche durch die Verbreitung von Druckschriften strafbaren Inhalts begangen werden, sowie derjenigen sonstigen Vergehen, welche in diesem Gesetze mit Strafe bedroht sind, verjährt in sechs Monaten.

V. Beschlagnahme.

§ 23. Eine Beschlagnahme von Druckschriften ohne richterliche Anordnung findet nur statt:

1. wenn eine Druckschrift den Vorschriften der §§ 6 und 7 nicht entspricht, oder den Vorschriften des § 14 zuwider verbreitet wird;
2. wenn durch eine Druckschrift einem auf Grund des § 15 dieses Gesetzes erlassenen Verbot zuwider gehandelt wird;
3. wenn der Inhalt einer Druckschrift den Thatbestand einer der in den §§ 85, 95, 111, 130 oder 184 des deutschen Strafgesetzbuchs mit Strafe bedrohten Handlungen begründet, in den Fällen der §§ 111 und 130 jedoch nur dann, wenn dringende Gefahr besteht, daß bei Verzögerung der Beschlagnahme die Aufforderung oder Anreizung ein Verbrechen oder Vergehen unmittelbar zur Folge haben werde.

§ 24. Ueber die Bestätigung oder Aufhebung der vorläufigen Beschlagnahme hat das zuständige Gericht zu entscheiden.

Diese Entscheidung muß von der Staatsanwaltschaft binnen vierundzwanzig Stunden nach Anordnung der Beschlagnahme beantragt und von dem Gericht binnen vierundzwanzig Stunden nach Empfang des Antrags erlassen werden.

Hat die Polizeibehörde die Beschlagnahme ohne Anordnung der Staatsanwaltschaft verfügt, so muß sie die Absendung der Verhandlungen an die letztere ohne Verzug und spätestens binnen zwölf Stunden bewirken. Die Staatsanwaltschaft hat entweder die Wiederaufhebung der Beschlagnahme mittelst einer sofort vollstreckbaren Verfügung anzuordnen, oder die gerichtliche Bestätigung binnen zwölf Stunden nach Empfang der Verhandlungen zu beantragen.

Wenn nicht bis zum Ablaufe des fünften Tages nach Anordnung der Beschlagnahme der bestätigende Gerichtsbeschluß der Behörde, welche die Beschlagnahme angeordnet hat, zu=gegangen ist, erlischt die letztere und muß die Freigabe der einzelnen Stücke erfolgen.

§ 25. Gegen den Beschluß des Gerichts, welcher die vorläufige Beschlagnahme aufhebt, findet ein Rechtsmittel nicht statt.

§ 26. Die vom Gericht bestätigte vorläufige Beschlag=nahme ist wieder aufzuheben, wenn nicht binnen zwei Wochen nach der Bestätigung die Strafverfolgung in der Hauptsache eingeleitet worden ist.

§ 27. Die Beschlagnahme von Druckschriften trifft die Exemplare nur da, wo dergleichen zum Zwecke der Verbreitung sich befinden. Sie kann sich auf die zur Vervielfältigung dienenden Platten und Formen erstrecken; bei Druckschriften im engeren Sinne hat auf Antrag des Betheiligten statt Beschlagnahme des Satzes das Ablegen des letzteren zu geschehen.

Bei der Beschlagnahme sind die dieselbe veranlassenden Stellen der Schrift unter Anführung der verletzten Gesetze zu bezeichnen. Trennbare Theile der Druckschrift (Beilagen einer Zeitung ꝛc.), welche nichts Strafbares enthalten, sind von der Beschlagnahme auszuschließen.

§ 28. Während der Dauer der Beschlagnahme ist die Verbreitung der von derselben betroffenen Druckschrift oder der Wiederabdruck der die Beschlagnahme veranlassenden Stellen unstatthaft.

Wer mit Kenntniß der verfügten Beschlagnahme dieser Bestimmung entgegenhandelt, wird mit Geldstrafe bis fünf=hundert Mark oder mit Gefängniß bis zu sechs Monaten bestraft.

§ 29. Zur Entscheidung über die durch die Presse begangenen Uebertretungen sind die Gerichte auch in denjenigen Bundesstaaten ausschließlich zuständig, wo zur Zeit noch deren Aburtheilung den Verwaltungsbehörden zusteht.

Soweit in einzelnen Bundesstaaten eine Mitwirkung der Staatsanwaltschaft bei den Gerichten unterster Instanz nicht vorgeschrieben ist, sind in den Fällen der ohne richterliche Anordnung erfolgten Beschlagnahme die Akten unmittelbar dem Gericht vorzulegen.

VI. Schlußbestimmungen.

§ 30. Die für Zeiten der Kriegsgefahr, des Krieges, des erklärten Kriegs- (Belagerungs-) Zustandes oder innerer Unruhen (Aufruhrs) in Bezug auf die Presse bestehenden besonderen gesetzlichen Bestimmungen bleiben auch diesem Gesetze gegenüber bis auf Weiteres in Kraft.

Das Recht der Landesgesetzgebung, Vorschriften über das öffentliche Anschlagen, Anheften, Ausstellen, sowie die öffentliche, unentgeltliche Vertheilung von Bekanntmachungen, Plakaten und Aufrufen zu erlassen, wird durch dieses Gesetz nicht berührt.

Dasselbe gilt von den Vorschriften der Landesgesetze über Abgabe von Freiexemplaren an Bibliotheken und öffentliche Sammlungen.

Vorbehaltlich der auf den Landesgesetzen beruhenden allgemeinen Gewerbesteuer findet eine besondere Besteuerung der Presse und der einzelnen Preßerzeugnisse (Zeitungs- und Kalenderstempel, Abgaben von Inseraten 2c.) nicht statt.

§ 31. Dieses Gesetz tritt am 1. Juli 1874 in Kraft. Seine Einführung in Elsaß-Lothringen bleibt einem besonderen Gesetze vorbehalten.

Gesetz,
betreffend das Urheberrecht an Schriftwerken, Abbildungen, musikalischen Kompositionen und dramatischen Werken.

Vom 11. Juni 1870.

Das Gesetz hat im ganzen Deutschen Reich Geltung.

I. Schriftstücke.

a. Ausschließliches Recht des Urhebers.

§ 1. Das Recht, ein Schriftwerk auf mechanischem Wege zu vervielfältigen, steht dem Urheber desselben ausschließlich zu.

§ 2. Dem Urheber wird in Beziehung auf den durch das gegenwärtige Gesetz gewährten Schutz der Herausgeber eines aus Beiträgen Mehrerer bestehenden Werkes gleich geachtet, wenn dieses ein einheitliches Ganzes bildet.

Das Urheberrecht an den einzelnen Beiträgen steht den Urhebern derselben zu.

§ 3. Das Recht des Urhebers geht auf dessen Erben über. Dieses Recht kann beschränkt oder unbeschränkt durch Vertrag oder durch Verfügung von Todeswegen auf Andere übertragen werden.

b. Verbot des Nachdrucks.

§ 4. Jede mechanische Vervielfältigung eines Schriftwerkes, welche ohne Genehmigung des Berechtigten (§§ 1, 2, 3) hergestellt wird, heißt Nachdruck und ist verboten.

Hinsichtlich dieses Verbotes macht es keinen Unterschied, ob das Schriftwerk ganz oder nur theilweise vervielfältigt wird.

Als mechanische Vervielfältigung ist auch das Abschreiben anzusehen, wenn es dazu bestimmt ist, den Druck zu vertreten.

§ 5. Als Nachdruck (§ 4) ist auch anzusehen:

a) der ohne Genehmigung des Urhebers erfolgte Abdruck von noch nicht veröffentlichen Schriftwerken (Manuskripten).

Auch der rechtmäßige Besitzer eines Manuskriptes oder einer Abschrift desselben bedarf der Genehmigung des Urhebers zum Abdruck;

b) der ohne Genehmigung des Urhebers erfolgte Abdruck von Vorträgen, welche zum Zwecke der Erbauung, der Belehrung oder der Unterhaltung gehalten sind;

c) der neue Abbruck von Werken, welchen der Urheber oder der Verleger dem unter ihnen bestehenden Vertrage zuwider veranstaltet;

d) die Anfertigung einer größeren Anzahl von Exemplaren eines Werkes seitens des Verlegers, als demselben vertragsmäßig oder gesetzlich gestattet ist.

§ 6. Uebersetzungen ohne Genehmigung des Urhebers des Originalwerkes gelten als Nachdruck:

a) wenn von einem, zuerst in einer todten Sprache erschienenen Werke eine Uebersetzung in einer lebenden Sprache herausgegeben wird;

b) wenn von einem gleichzeitig in verschiedenen Sprachen herausgegebenen Werke eine Uebersetzung in einer dieser Sprachen veranstaltet wird;

c) wenn der Urheber sich das Recht der Uebersetzung auf dem Titelblatte oder an der Spitze des Werkes vorbehalten hat, vorausgesetzt, daß die Veröffentlichung der vorbehaltenen Uebersetzung nach dem Erscheinen des Originalwerkes binnen einem Jahre begonnen und binnen drei Jahren beendet wird. Das Kalenderjahr, in welchem das Originalwerk erschienen ist, wird hierbei nicht mitgerechnet.

Bei Originalwerken, welche in mehreren Bänden oder Abtheilungen erscheinen, wird jeder Band oder jede Abtheilung im Sinne dieses Paragraphen als ein besonderes Werk angesehen, und muß der Vorbehalt der Uebersetzung auf jedem Bande oder jeder Abtheilung wiederholt werden.

Bei dramatischen Werken muß die Uebersetzung innerhalb sechs Monaten, vom Tage der Veröffentlichung des Originals an gerechnet, vollständig erschienen sein.

Der Beginn und beziehungsweise die Vollendung der Uebersetzung muß zugleich innerhalb der angegebenen Fristen zur Eintragung in die Eintragsrolle (§§ 39 ff.) angemeldet werden, widrigenfalls der Schutz gegen neue Uebersetzungen erlischt.

Die Ueberſetzung eines noch ungedruckten gegen Nachdruck geſchützten Schriftwerkes (§ 5 Littr. a und b) iſt als Nachdruck anzuſehen.

Ueberſetzungen genießen gleich Originalwerken den Schutz dieſes Geſetzes gegen Nachdruck.

c. **Was nicht als Nachdruck anzuſehen iſt.**

§ 7. Als Nachdruck iſt nicht anzuſehen:

a) das wörtliche Anführen einzelner Stellen oder kleinerer Theile eines bereits veröffentlichten Werkes oder die Aufnahme bereits veröffentlichter Schriften von geringerem Umfang in ein größeres Ganzes, ſobald dieſes nach ſeinem Hauptinhalt ein ſelbſtſtändiges wiſſenſchaftliches Werk iſt, ſowie in Sammlungen, welche aus Werken mehrerer Schriftſteller zum Kirchen=, Schul= und Unterrichtsgebrauch oder zu einem eigenthümlichen litterariſchen Zwecke veranſtaltet werden. Vorausgeſetzt iſt jedoch, daß der Urheber oder die benutzte Quelle angegeben iſt;

b) der Abdruck einzelner Artikel aus Zeitſchriften und anderen öffentlichen Blättern mit Ausnahme von novelliſtiſchen Erzeugniſſen und wiſſenſchaftlichen Ausarbeitungen, ſowie von ſonſtigen größeren Mittheilungen, ſofern an der Spitze der letzteren der Abdruck unterſagt iſt;

c) der Abdruck von Geſetzbüchern, Geſetzen, amtlichen Erlaſſen, öffentlichen Aktenſtücken und Verhandlungen aller Art;

d) der Abdruck von Reden, welche bei den Verhandlungen der Gerichte, der politiſchen, kommunalen und kirchlichen Vertretungen, ſowie der politiſchen und ähnlichen Verſammlungen gehalten werden.

d) **Dauer des ausſchließlichen Rechtes des Urhebers.**

§ 8. Der Schutz des gegenwärtigen Geſetzes gegen Nachdruck wird, vorbehaltlich der folgenden beſonderen Beſtimmungen, für die Lebensdauer des Urhebers (§§ 1 und 2) und dreißig Jahre nach dem Tode deſſelben gewährt.

§ 9. Bei einem von mehreren Perſonen als Mitur-
hebern verfaßten Werke erſtreckt ſich die Schutzfriſt auf die
Dauer von dreißig Jahren nach dem Tode des Letzlebenden
derſelben.

Bei Werken, welche durch Beiträge mehrerer Mitarbeiter
gebildet werden, richtet ſich die Schutzfriſt für die einzelnen
Beiträge danach, ob die Urheber derſelben genannt ſind oder
nicht (§§ 8. 11).

§ 10. Einzelne Aufſätze, Abhandlungen ꝛc., welche in
periodiſchen Werken, als: Zeitſchriften, Taſchenbüchern,
Kalendern ꝛc., erſchienen ſind, darf der Urheber, falls nichts
anderes verabredet iſt, auch ohne Einwilligung des Herausgebers oder Verlegers des Werkes, in welches dieſelben aufgenommen ſind, nach zwei Jahren vom Ablauf des Jahres
des Erſcheinens an gerechnet, anderweitig abdrucken.

§ 11. Bei Schriftwerken, welche bereits veröffentlicht
ſind, iſt die im § 8 vorgeſchriebene Dauer des Schutzes an
die Bedingung geknüpft, daß der wahre Name des Urhebers
auf dem Titelblatte oder unter der Zueignung oder unter
der Vorrede angegeben iſt.

Bei Werken, welche durch Beiträge mehrerer Mitarbeiter
gebildet werden, genügt es für den Schutz der Beiträge, wenn
der Name des Urhebers an der Spitze oder am Schluß des
Beitrages angegeben iſt.

Ein Schriftwerk, welches entweder unter einem anderen,
als dem wahren Namen des Urhebers veröffentlicht, oder bei
welchem ein Urheber gar nicht angegeben iſt, wird dreißig
Jahre lang, von der erſten Herausgabe an gerechnet, gegen
Nachdruck geſchützt (§ 28).

Wird innerhalb dreißig Jahre, von der erſten Herausgabe an gerechnet, der wahre Name des Urhebers von ihm
ſelbſt oder ſeinen hierzu legitimirten Rechtsnachfolgern zur
Eintragung in die Eintragsrolle (§§ 39 ff.) angemeldet, ſo
wird dadurch dem Werke die im § 8 beſtimmte längere Dauer
des Schutzes erworben.

§ 12. Die erſt nach dem Tode des Urhebers erſchienenen
Werke werden dreißig Jahre lang, vom Tode des Urhebers
an gerechnet, gegen Nachdruck geſchützt.

§ 13. Akademien, Universitäten, sonstige juristische Personen, öffentliche Unterrichtsanstalten, sowie gelehrte oder andere Gesellschaften, wenn sie als Herausgeber dem Urheber gleichzuachten sind (§ 2), genießen für die von ihnen herausgegebenen Werke einen Schutz von dreißig Jahren nach deren Erscheinen.

§ 14. Bei Werken, die in mehreren Bänden oder Abtheilungen erscheinen, wird die Schutzfrist von dem ersten Erscheinen eines jeden Bandes oder einer jeden Abtheilung an berechnet.

Bei Werken jedoch, die in einem oder mehreren Bänden eine einzige Aufgabe behandeln und mithin als in sich zusammenhängend zu betrachten sind, beginnt die Schutzfrist erst nach dem Erscheinen des letzten Bandes oder der letzten Abtheilung.

Wenn indessen zwischen der Herausgabe einzelner Bände oder Abtheilungen ein Zeitraum von mehr als drei Jahren verflossen ist, so sind die vorher erschienenen Bände, Abtheilungen ꝛc. als ein für sich bestehendes Werk und ebenso die nach Ablauf der drei Jahre erscheinenden weiteren Fortsetzungen als ein neues Werk zu behandeln.

§ 15. Das Verbot der Herausgabe von Uebersetzungen dauert in dem Falle des § 6 Littr. b. fünf Jahre vom Erscheinen des Originalwerkes, in dem Falle des § 6 Littr. c. fünf Jahre vom ersten Erscheinen der rechtmäßigen Uebersetzung ab gerechnet.

§ 16. In den Zeitraum der gesetzlichen Schutzfrist (§§ 8 ff.) wird das Todesjahr des Verfassers, beziehungsweise das Kalenderjahr des ersten Erscheinens des Werkes oder der Uebersetzung nicht eingerechnet.

§ 17. Ein Heimfallsrecht des Fiskus oder anderer zu herrenlosen Verlassenschaften berechtigter Personen findet auf das ausschließliche Recht des Urhebers und seiner Rechtsnachfolger nicht statt.

e. Entschädigung und Strafen.

§ 18. Wer vorsätzlich oder aus Fahrlässigkeit einen Nachdruck (§§ 4 ff.) in der Absicht, denselben innerhalb oder außerhalb des Norddeutschen Bundes zu verbreiten, veranstaltet, ist den Urheber oder dessen Rechtsnachfolger zu entschädigen verpflichtet und wird außerdem mit einer Geldstrafe bis zu eintausend Thalern bestraft.

Die Bestrafung des Nachdrucks bleibt jedoch ausgeschlossen, wenn der Veranstalter desselben auf Grund entschuldbaren, thatsächlichen oder rechtlichen Irrthums in gutem Glauben gehandelt hat.

Kann die verwirkte Geldstrafe nicht beigetrieben werden, so wird dieselbe nach Maßgabe der allgemeinen Strafgesetze in eine entsprechende Freiheitsstrafe bis zu sechs Monaten umgewandelt.

Statt jeder aus diesem Gesetze entspringenden Entschädigung kann auf Verlangen des Beschädigten neben der Strafe auf eine an den Beschädigten zu erlegende Geldbuße bis zum Betrage von zweitausend Thalern erkannt werden. Für diese Buße haften die zu derselben Verurtheilten als Gesammtschuldner.

Eine erkannte Buße schließt die Geltendmachung eines weiteren Entschädigungsanspruches aus.

Wenn den Veranstalter des Nachdrucks kein Verschulden trifft, so haftet er dem Urheber oder dessen Rechtsnachfolger für den entstandenen Schaden nur bis zur Höhe seiner Bereicherung.

§ 19. Darüber, ob ein Schaden entstanden ist, und wie hoch sich derselbe beläuft, desgleichen über den Bestand und die Höhe einer Bereicherung, entscheidet das Gericht unter Würdigung aller Umstände nach freier Ueberzeugung.

§ 20. Wer vorsätzlich oder aus Fahrlässigkeit einen Anderen zur Veranstaltung eines Nachdrucks veranlaßt, hat die im § 18 festgesetzte Strafe verwirkt, und ist den Urheber oder dessen Rechtsnachfolger nach Maßgabe der §§ 18 und 19 zu entschädigen verpflichtet, und zwar selbst dann, wenn der Veranstalter des Nachdrucks nach § 18 nicht strafbar oder ersatzverbindlich sein sollte.

Wenn der Veranstalter des Nachdrucks ebenfalls vorsätzlich oder aus Fahrlässigkeit gehandelt hat, so haften Beide dem Berechtigten solidarisch.

Die Strafbarkeit und die Ersatzverbindlichkeit der übrigen Theilnehmer am Nachdruck richtet sich nach den allgemeinen gesetzlichen Vorschriften.

§ 21. Die vorräthigen Nachdrucks-Exemplare und die zur widerrechtlichen Vervielfältigung ausschließlich bestimmten Vorrichtungen, wie Formen, Platten, Steine, Stereotypabgüsse 2c., unterliegen der Einziehung. Dieselben sind, nachdem die Einziehung dem Eigenthümer gegenüber rechtskräftig erkannt ist, entweder zu vernichten oder ihrer gefährdenden Form zu entkleiden und alsdann dem Eigenthümer zurückzugeben.

Wenn nur ein Theil des Werkes als Nachdruck anzusehen ist, so erstreckt sich die Einziehung nur auf den als Nachdruck erkannten Theil des Werkes und die Vorrichtungen zu diesem Theile.

Die Einziehung erstreckt sich auf alle diejenigen Nachdrucks-Exemplare und Vorrichtungen, welche sich im Eigenthum des Veranstalters des Nachdrucks, des Druckers, der Sortiments-buchhändler, der gewerbsmäßigen Verbreiter und desjenigen, welcher den Nachdruck veranlaßt hat (§ 20), befinden.

Die Einziehung tritt auch dann ein, wenn der Veranstalter oder Veranlasser des Nachdrucks weder vorsätzlich noch fahrlässig gehandelt hat (§ 18). Sie erfolgt auch gegen die Erben desselben.

Es steht dem Beschädigten frei, die Nachdrucks-Exemplare und Vorrichtungen ganz oder theilweise gegen die Herstellungs-kosten zu übernehmen, insofern nicht die Rechte eines Dritten dadurch verletzt oder gefährdet werden.

§ 22. Das Vergehen des Nachdrucks ist vollendet, sobald ein Nachdrucks-Exemplar eines Werkes den Vorschriften des gegenwärtigen Gesetzes zuwider, sei es im Gebiete des Norddeutschen Bundes, sei es außerhalb desselben, hergestellt worden ist.

Im Falle des bloßen Versuchs des Nachdrucks tritt weder eine Bestrafung noch eine Entschädigungsverbindlichkeit des Nachdruckers ein. Die Einziehung der Nachdrucksvor-richtungen (§ 21) erfolgt auch in diesem Falle.

§ 23. Wegen Rückfalls findet eine Erhöhung der Strafe über das höchste gesetzliche Maß (§ 18) nicht statt.

§ 24. Wenn in den Fällen des § 7 Littr. a. die Angabe der Quelle oder des Namens des Urhebers vorsätzlich oder aus Fahrlässigkeit unterlassen wird, so haben der Veranstalter und der Veranlasser des Abdrucks eine Geldstrafe bis zu zwanzig Thalern verwirkt.

Eine Umwandlung der Geldstrafe in Freiheitsstrafe findet nicht statt.

Eine Entschädigungspflicht tritt nicht ein.

§ 25. Wer vorsätzlich Exemplare eines Werkes, welche den Vorschriften des gegenwärtigen Gesetzes zuwider angefertigt worden sind, innerhalb oder außerhalb des Norddeutschen Bundes gewerbemäßig feilhält, verkauft oder in sonstiger Weise verbreitet, ist nach Maßgabe des von ihm verursachten Schadens den Urheber oder dessen Rechtsnachfolger zu entschädigen verpflichtet und wird außerdem mit Geldstrafe nach § 18 bestraft.

Die Einziehung der zur gewerbemäßigen Verbreitung bestimmten Nachdrucks-Exemplare nach Maßgabe des § 21 findet auch dann statt, wenn der Verbreiter nicht vorsätzlich gehandelt hat.

Der Entschädigungspflicht, sowie der Bestrafung wegen Verbreitung unterliegen auch der Veranstalter und Veranlasser des Nachdrucks, wenn sie nicht schon als solche entschädigungspflichtig und strafbar sind.

f. Verfahren.

§ 26. Sowohl die Entscheidung über den Entschädigungsanspruch, als auch die Verhängung der im gegenwärtigen Gesetze angedrohten Strafen und die Einziehung der Nachdrucks-Exemplare ꝛc. gehört zur Kompetenz der ordentlichen Gerichte.

Die Einziehung der Nachdrucks-Exemplare ꝛc. kann sowohl im Strafrechtswege beantragt, als im Civilrechtswege verfolgt werden.

§ 27. Das gerichtliche Strafverfahren ist nicht von Amtswegen, sondern nur auf den Antrag des Verletzten einzuleiten. Der Antrag auf Bestrafung kann bis zur Ver-

kündung eines auf Strafe lautenden Erkenntnisses zurückgenommen werden.

§ 28. Die Verfolgung des Nachdrucks steht Jedem zu,
dessen Urheber- oder Verlagsrechte durch die widerrechtliche
Vervielfältigung beeinträchtigt oder gefährdet sind.

Bei Werken, welche bereits veröffentlicht sind, gilt bis
zum Gegenbeweise derjenige als Urheber, welcher nach Maßgabe des § 11 Abs. 1. 2 auf dem Werke als Urheber angegeben ist.

Bei anonymen und pseudonymen Werken ist der Herausgeber, und wenn ein solcher nicht angegeben ist, der Verleger
berechtigt, die dem Urheber zustehenden Rechte wahrzunehmen.
Der auf dem Werke angegebene Verleger gilt ohne weiteren
Nachweis als der Rechtsnachfolger des anonymen oder pseudonymen Urhebers.

§ 29. In den Rechtsstreitigkeiten wegen Nachdrucks,
einschließlich der Klagen wegen Bereicherung aus dem Nachdruck, hat der Richter, ohne an positive Regeln über die
Wirkung der Beweismittel gebunden zu sein, den Thatbestand
nach seiner freien, aus dem Inbegriff der Verhandlungen ge-
schöpften Ueberzeugung festzustellen.

Ebenso ist der Richter bei Entscheidung der Frage: ob
der Nachdrucker oder der Veranlasser des Nachdrucks
(§§ 18. 20) fahrlässig gehandelt hat, an die in den Landesgesetzen vorgeschriebenen verschiedenen Grade der Fahrlässigkeit nicht gebunden.

§ 30. Sind technische Fragen, von welchen der Thatbestand des Nachdrucks oder der Betrag des Schadens oder
der Bereicherung abhängt, zweifelhaft oder streitig, so ist der
Richter befugt, das Gutachten Sachverständiger einzuholen.

§ 31. In allen Staaten des Norddeutschen Bundes
sollen aus Gelehrten, Schriftstellern, Buchhändlern und anderen
geeigneten Personen Sachverständigen-Vereine gebildet werden,
welche auf Erfordern des Richters Gutachten über die an
sie gerichteten Fragen abzugeben verpflichtet sind. Es bleibt
den einzelnen Staaten überlassen, sich zu diesem Behufe an
andere Staaten des Norddeutschen Bundes anzuschließen, oder

auch mit denselben sich zur Bildung gemeinschaftlicher Sach=
verständigen=Vereine zu verbinden.

Die Sachverständigen=Vereine sind befugt, auf Anrufen
der Betheiligten über streitige Entschädigungsansprüche und
die Einziehung nach Maßgabe der §§ 18—21 als Schieds=
richter zu verhandeln und zu entscheiden.

Das Bundeskanzleramt erläßt die Instruktion über die
Zusammensetzung und den Geschäftsbetrieb der Sachver=
ständigen=Vereine.

§ 32, welcher die Zuständigkeit des Reichs=Oberhandels=
gerichts betrifft, hat durch die neuen Prozeßgesetze seine Gel=
tung verloren.

g. Verjährung.

§ 33. Die Strafverfolgung des Nachdrucks und die
Klage auf Entschädigung wegen Nachdrucks, einschließlich der
Klage wegen Bereicherung (§ 18), verjähren in drei Jahren.

Der Lauf der Verjährung beginnt mit dem Tage, an
welchem die Verbreitung der Nachdrucks=Exemplare zuerst statt=
gefunden hat.

§ 34. Die Strafverfolgung der Verbreitung von Nach=
drucks=Exemplaren und die Klage auf Entschädigung wegen
dieser Verbreitung (§ 25) verjähren ebenfalls in drei Jahren.

Der Lauf der Verjährung beginnt mit dem Tage, an
welchem die Verbreitung zuletzt stattgefunden hat.

§ 35. Der Nachdruck und die Verbreitung von Nach=
drucks=Exemplaren sollen straflos bleiben, wenn der zum Straf=
antrage Berechtigte den Antrag binnen drei Monaten nach
erlangter Kenntniß von dem begangenen Vergehen und von
der Person des Thäters zu machen unterläßt.

§ 36. Der Antrag auf Einziehung und Vernichtung
der Nachdrucks=Exemplare, sowie der zur widerrechtlichen Ver=
vielfältigung ausschließlich bestimmten Vorrichtungen (§ 21),
ist solange zulässig, als solche Exemplare und Vorrichtungen
vorhanden sind.

§ 37. Die Uebertretung, welche dadurch begangen wird,
daß in den Fällen des § 7 Littr. a die Angabe der Quelle

ober des Namens des Urhebers unterblieben ist, verjährt in drei Monaten.

Der Lauf der Verjährung beginnt mit dem Tage, an welchem der Abdruck zuerst verbreitet worden ist.

§ 38. Die allgemeinen gesetzlichen Vorschriften bestimmen, durch welche Handlungen die Verjährung unterbrochen wird.

Die Einleitung des Strafverfahrens unterbricht die Verjährung der Entschädigungsklage nicht, und ebensowenig unterbricht die Anstellung der Entschädigungsklage die Verjährung des Strafverfahrens.

h. Eintragsrolle.

§ 39. Die Eintragsrolle, in welche die in den §§ 6 und 11 vorgeschriebenen Eintragungen stattzufinden haben, wird bei dem Stadtrath zu Leipzig geführt.

§ 40. Der Stadtrath zu Leipzig ist verpflichtet, auf Antrag der Betheiligten die Eintragungen zu bewirken, ohne daß eine zuvorige Prüfung über die Berechtigung des Antragstellers oder über die Richtigkeit der zur Eintragung angemeldeten Thatsachen stattfindet.

§ 41. Das Bundeskanzleramt erläßt die Instruktion über die Führung der Eintragsrolle. Es ist Jedermann gestattet, von der Eintragsrolle Einsicht zu nehmen und sich beglaubigte Auszüge aus derselben ertheilen zu lassen. Die Eintragungen werden im Börsenblatt für den Deutschen Buchhandel und, falls dasselbe zu erscheinen aufhören sollte, in einer anderen vom Bundeskanzleramte zu bestimmenden Zeitung öffentlich bekannt gemacht.

§ 42. Alle Eingaben, Verhandlungen, Atteste, Beglaubigungen, Zeugnisse, Auszüge u. s. w., welche die Eintragung in die Eintragsrolle betreffen, sind stempelfrei.

Dagegen wird für jede Eintragung, für jeden Eintragsschein, sowie für jeden sonstigen Auszug aus der Eintragsrolle eine Gebühr von je 1 M. 50 Pf. erhoben, und außerdem hat der Antragsteller die etwaigen Kosten für die öffentliche Bekanntmachung der Eintragung (§ 41) zu entrichten.

II. Geographische, topographische, naturwissenschaft=
liche, architektonische, technische u. ähnliche Abbildungen.

§ 43. Die Bestimmungen in den §§ 1—42 finden
auch Anwendung auf geographische, topographische, natur=
wissenschaftliche, architektonische, technische und ähnliche Zeich=
nungen und Abbildungen, welche nach ihrem Hauptzwecke nicht
als Kunstwerke zu betrachten sind.

§ 44. Als Nachdruck ist es nicht anzusehen, wenn
einem Schriftwerke einzelne Abbildungen aus einem anderen
Werke beigefügt werden, vorausgesetzt, daß das Schriftwerk
als die Hauptsache erscheint und die Abbildungen nur zur
Erläuterung des Textes u. s. w. dienen. Auch muß der Ur=
heber oder die benutzte Quelle angegeben sein, widrigenfalls
die Strafbestimmung im § 24 Platz greift.

III. Musikalische Kompositionen.

§ 45. Die Bestimmungen in den §§ 1—5, 8—42
finden auch Anwendung auf das ausschließliche Recht des
Urhebers zur Vervielfältigung musikalischer Kompositionen.

§ 46. Als Nachdruck sind alle ohne Genehmigung des
Urhebers einer musikalischen Komposition herausgegebenen Be=
arbeitungen derselben anzusehen, welche nicht als eigenthüm=
liche Kompositionen betrachtet werden können, insbesondere
Auszüge aus einer musikalischen Komposition, Arrangements
für einzelne oder mehrere Instrumente oder Stimmen, sowie
der Abdruck von einzelnen Motiven oder Melodieen eines und
desselben Werkes, die nicht künstlerisch verarbeitet sind.

§ 47. Als Nachdruck ist nicht anzusehen: das Anführen
einzelner Stellen eines bereits veröffentlichten Werkes der
Tonkunst, die Aufnahme bereits veröffentlichter kleinerer Kom=
positionen in ein nach seinem Hauptinhalte selbstständiges
wissenschaftliches Werk, sowie in Sammlungen von Werken
verschiedener Komponisten zur Benutzung in Schulen, aus=
schließlich der Musikschulen. Vorausgesetzt ist jedoch, daß der
Urheber oder die benutzte Quelle angegeben ist, widrigenfalls
die Strafbestimmung des § 24 Platz greift.

§ 48. Als Nachdruck ist nicht anzusehen: die Benutzung

eines bereits veröffentlichten Schriftwerkes als Text zu musika=
lischen Kompositionen, sofern der Text in Verbindung mit
der Komposition abgedruckt wird.

Ausgenommen sind solche Texte, welche ihrem Wesen
nach nur für den Zweck der Komposition Bedeutung haben,
namentlich Texte zu Opern oder Oratorien. Texte dieser Art
dürfen nur unter Genehmigung ihres Urhebers mit den musika=
lischen Kompositionen zusammen abgedruckt werden.

Zum Abdruck des Textes ohne Musik ist die Einwilligung
des Urhebers oder seiner Rechtsnachfolger erforderlich.

§ 49. Die Sachverständigen=Vereine, welche nach Maß=
gabe des § 31 Gutachten über den Nachdruck musikalischer
Kompositionen abzugeben haben, sollen aus Komponisten,
Musikverständigen und Musikalienhändlern bestehen.

IV. Oeffentliche Aufführung dramatischer, musika=
lischer oder dramatisch=musikalischer Werke.

§ 50. Das Recht, ein dramatisches, musikalisches oder
dramatisch=musikalisches Werk öffentlich aufzuführen, steht dem
Urheber und dessen Rechtsnachfolgern (§ 3) ausschließlich zu.

In Betreff der dramatischen und dramatisch=musikalischen
Werke ist es hierbei gleichgültig, ob das Werk bereits durch
den Druck 2c. veröffentlicht worden ist oder nicht. Musikalische
Werke, welche durch Druck veröffentlicht worden sind, können
ohne Genehmigung des Urhebers öffentlich aufgeführt werden,
falls nicht der Urheber auf dem Titelblatt oder an der Spitze
des Werkes sich das Recht der öffentlichen Aufführung vor=
behalten hat.

Dem Urheber wird der Verfasser einer rechtmäßigen
Uebersetzung des dramatischen Werkes in Beziehung auf das
ausschließliche Recht zur öffentlichen Aufführung dieser Ueber=
setzung gleich geachtet.

Die öffentliche Aufführung einer rechtswidrigen Ueber=
setzung (§ 6) oder einer rechtswidrigen Bearbeitung (§ 46)
des Originalwerks ist untersagt.

§ 51. Sind mehrere Urheber vorhanden, so ist zur
Veranstaltung der öffentlichen Aufführung die Genehmigung
jedes Urhebers erforderlich.

Bei musikalischen Werken, zu denen ein Text gehört, einschließlich der dramatisch-musikalischen Werke, genügt die Genehmigung des Komponisten allein.

§ 52. In Betreff der Dauer des ausschließlichen Rechts zur öffentlichen Aufführung kommen die §§ 8 bis 17 zur Anwendung.

Anonyme und pseudonyme Werke, welche zur Zeit ihrer ersten rechtmäßigen öffentlichen Aufführung noch nicht durch den Druck veröffentlicht sind, werden dreißig Jahre vom Tage der ersten rechtmäßigen Aufführung an, posthume Werke dreißig Jahre vom Tode des Urhebers an gegen unbefugte öffentliche Aufführung geschützt.

Wenn der Urheber des anonymen oder pseudonymen Werkes oder sein hierzu legitimirter Rechtsnachfolger inner= halb der Frist von dreißig Jahren den wahren Namen des Urhebers vermittelst Eintragung in die Eintragsrolle (§ 39) bekannt macht, oder wenn der Urheber das Werk innerhalb derselben Frist unter seinem wahren Namen veröffentlicht, so gelangt die Bestimmung des § 8 zur Anwendung.

§ 53. Bei dramatischen, musikalischen und dramatisch= musikalischen Werken, welche noch nicht mechanisch verviel= fältigt, aber öffentlich aufgeführt worden sind, gilt bis zum Gegenbeweise derjenige als Urheber, welcher bei der Ankündi= gung der Aufführung als solcher bezeichnet worden ist.

§ 54. Wer vorsätzlich oder aus Fahrlässigkeit ein dra= matisches, musikalisches oder dramatisch=musikalisches Werk vollständig oder mit unwesentlichen Aenderungen unbefugter Weise öffentlich aufführt, ist den Urheber oder dessen Rechts= nachfolger zu entschädigen verpflichtet und wird außerdem mit einer Geldstrafe nach Maßgabe der §§ 18 und 23 bestraft.

Auf den Veranlasser der unbefugten Aufführung findet der § 20 mit der Maßgabe Anwendung, daß die Höhe der Entschädigung nach § 55 zu bemessen ist.

§ 55. Die Entschädigung, welche dem Berechtigten im Falle des § 54 zu gewähren ist, besteht in dem ganzen Betrage der Einnahme von jeder Aufführung ohne Abzug der auf dieselbe verwendeten Kosten.

Ist das Werk in Verbindung mit anderen Werken aufgeführt worden, so ist, unter Berücksichtigung der Verhältnisse, ein entsprechender Theil der Einnahme als Entschädigung festzusetzen.

Wenn die Einnahme nicht zu ermitteln oder eine solche nicht vorhanden ist, so wird der Betrag der Entschädigung vom Richter nach freiem Ermessen festgestellt.

Trifft den Veranstalter der Aufführung kein Verschulden, so haftet er dem Berechtigten auf Höhe seiner Bereicherung.

§ 56. Die Bestimmungen in den §§ 26 bis 42 finden auch in Betreff der Aufführung von dramatischen, musikalischen und dramatisch-musikalischen Werken Anwendung.

V. Allgemeine Bestimmungen.

§ 57. Das gegenwärtige Gesetz tritt mit dem 1. Januar 1871 in Kraft. Alle früheren, in den einzelnen Staaten des Norddeutschen Bundes geltenden, rechtlichen Bestimmungen in Beziehung auf das Urheberrecht an Schriftwerken, Abbildungen, musikalischen Kompositionen und dramatischen Werken treten von demselben Tage ab außer Wirksamkeit.

§ 58. Das gegenwärtige Gesetz findet auf alle vor dem Inkrafttreten desselben erschienenen Schriftwerke, Abbildungen, musikalischen Kompositionen und dramatischen Werke Anwendung, selbst wenn dieselben nach den bisherigen Landesgesetzgebungen keinen Schutz gegen Nachdruck, Nachbildung oder öffentliche Aufführung genossen haben.

Die bei dem Inkrafttreten dieses Gesetzes vorhandenen Exemplare, deren Herstellung nach der bisherigen Gesetzgebung gestattet war, sollen auch fernerhin verbreitet werden dürfen, selbst wenn ihre Herstellung nach dem gegenwärtigen Gesetze untersagt ist.

Ebenso sollen die bei dem Inkrafttreten dieses Gesetzes vorhandenen, bisher rechtmäßig angefertigten Vorrichtungen, wie Formen, Platten, Steine, Stereotypabgüsse rc. auch fernerhin zur Anfertigung von Exemplaren benutzt werden dürfen.

Auch dürfen die beim Inkrafttreten des Gesetzes bereits

begonnenen, bisher gestatteten Vervielfältigungen noch vol=
lendet werden.

Die Regierungen der Staaten des Norddeutschen Bundes
werden ein Inventarium über die Vorrichtungen, deren fernere
Benutzung hiernach gestattet ist, amtlich aufstellen und diese
Vorrichtungen mit einem gleichförmigen Stempel bedrucken
lassen. Ebenso sollen alle Exemplare von Schriftwerken,
welche nach Maßgabe dieses Paragraphen auch fernerhin
verbreitet werden dürfen, mit einem Stempel versehen werden.

Nach Ablauf der für die Legalisirung angegebenen Frist
unterliegen alle mit dem Stempel nicht versehenen Vorrich=
tungen und Exemplare der bezeichneten Werke, auf Antrag
des Verletzten, der Einziehung. Die nähere Instruktion
über das bei der Aufstellung des Inventariums und bei der
Stempelung zu beobachtende Verfahren wird vom Bundes=
kanzleramte erlassen.

§ 59. Insofern nach den bisherigen Landesgesetzgebungen
für den Vorbehalt des Uebersetzungsrechts andere Förmlich=
keiten und für das Erscheinen der ersten Uebersetzung andere
Fristen, als im § 6 Littr. c vorgeschrieben sind, hat es bei
denselben in Betreff derjenigen Werke, welche vor dem Inkraft=
treten des gegenwärtigen Gesetzes bereits erschienen sind,
sein Bewenden.

§ 60. Die Ertheilung von Privilegien zum Schutze des
Urheberrechts ist nicht mehr zulässig.

Dem Inhaber eines vor dem Inkrafttreten des gegen=
wärtigen Gesetzes von dem Deutschen Bunde oder den Regie=
rungen einzelner, jetzt zum Norddeutschen Bunde gehörigen
Staaten ertheilten Privilegiums steht es frei, ob er von diesem
Privilegium Gebrauch machen oder den Schutz des gegen=
wärtigen Gesetzes anrufen will.

Der Privilegienschutz kann indeß nur für den Umfang
derjenigen Staaten geltend gemacht werden, von welchen
derselbe ertheilt worden ist.

Die Berufung auf den Privilegienschutz ist dadurch be=
dingt, daß das Privilegium entweder ganz oder dem wesent=
lichen Inhalte nach dem Werke vorgedruckt oder auf oder
hinter dem Titelblatt desselben bemerkt ist. Wo dieses nach

der Natur des Gegenstandes nicht stattfinden kann, oder bisher nicht geschehen ist, muß das Privilegium, bei Vermeidung des Erlöschens, binnen drei Monaten nach dem Inkrafttreten dieses Gesetzes zur Eintragung in die Eintragsrolle angemeldet und von dem Kuratorium derselben öffentlich bekannt gemacht werden. ˙

§ 61. Das gegenwärtige Gesetz findet Anwendung auf alle Werke inländischer Urheber, gleichviel ob die Werke im Inlande oder Auslande erschienen oder überhaupt noch nicht veröffentlicht sind.

Wenn Werke ausländischer Urheber bei Verlegern erscheinen, die im Gebiete des Norddeutschen Bundes ihre Handelsniederlassung haben, so stehen diese Werke unter dem Schutze des gegenwärtigen Gesetzes.

§ 62. Diejenigen Werke ausländischer Urheber, welche in einem Orte erschienen sind, der zum ehemaligen Deutschen Bunde, nicht aber zum Norddeutschen Bunde, gehört, genießen den Schutz dieses Gesetzes unter der Voraussetzung, daß das Recht des betreffenden Staates den innerhalb des Norddeutschen Bundes erschienenen Werken einen den einheimischen Werken gleichen Schutz gewährt; jedoch dauert der Schutz nicht länger als in dem betreffenden Staate selbst. Dasselbe gilt von nicht veröffentlichten Werken solcher Urheber, welche zwar nicht im Norddeutschen Bunde, wohl aber im ehemaligen Deutschen Bundesgebiete staatsangehörig sind.

––––––––

Gesetz,
betreffend das Urheberrecht an Werken der bildenden Künste.

Vom 9. Januar 1876.

A. Ausschließliches Recht des Urhebers.

§ 1. Das Recht, ein Werk der bildenden Künste ganz oder theilweise nachzubilden, steht dem Urheber desselben ausschließlich zu.

§ 2. Das Recht des Urhebers geht auf dessen Erben über. Dieses Recht kann beschränkt oder unbeschränkt durch Vertrag oder durch Verfügung von Todeswegen auf Andere übertragen werden.

§ 3. Auf die Baukunst findet das gegenwärtige Gesetz keine Anwendung.

§ 4. Als Nachbildung ist nicht anzusehen die freie Benutzung eines Werkes der bildenden Künste zur Hervorbringung eines neuen Werkes.

§ 5. Jede Nachbildung eines Werkes der bildenden Künste, welche in der Absicht, dieselbe zu verbreiten, ohne Genehmigung des Berechtigten (§§ 1, 2) hergestellt wird, ist verboten. Als verbotene Nachbildung ist es auch anzusehen:

1. wenn bei Hervorbringung derselben ein anderes Verfahren angewendet worden ist, als bei dem Originalwerk;

2. wenn die Nachbildung nicht unmittelbar nach dem Originalwerke, sondern mittelbar nach einer Nachbildung desselben geschaffen ist;

3. wenn die Nachbildung eines Werkes der bildenden Künste sich an einem Werke der Baukunst, der Industrie, der Fabriken, Handwerke oder Manufakturen befindet;

4. wenn der Urheber oder Verleger dem unter ihnen bestehenden Vertrage zuwider eine neue Vervielfältigung des Werkes veranstalten;

5. wenn der Verleger eine größere Anzahl von Exemplaren eines Werkes anfertigen läßt, als ihm vertragsmäßig oder gesetzlich gestattet ist.

§ 6. Als verbotene Nachbildung ist nicht anzusehen:

1. die Einzelkopie eines Werkes der bildenden Künste, sofern dieselbe ohne die Absicht der Verwerthung angefertigt wird. Es ist jedoch verboten, den Namen oder das Monogramm des Urhebers des Werkes in irgend einer Weise auf der Einzelkopie anzubringen, widrigenfalls eine Geldstrafe bis zu fünfhundert Mark verwirkt ist;

3*

2. die Nachbildung eines Werkes der zeichnenden oder malenden Kunst durch die plastische Kunst, oder umgekehrt;

3. die Nachbildung von Werken der bildenden Künste, welche auf oder an Straßen oder öffentlichen Plätzen bleibend sich befinden. Die Nachbildung darf jedoch nicht in derselben Kunstform erfolgen;

4. die Aufnahme von Nachbildungen einzelner Werke der bildenden Künste in ein Schriftwerk, vorausgesetzt, daß das letztere als die Hauptsache erscheint, und die Abbildungen nur zur Erläuterung des Textes dienen. Jedoch muß der Urheber des Originals oder die benutzte Quelle angegeben werden, widrigenfalls die Strafbestimmung im § 24 des Gesetzes vom 11. Juni 1870, betreffend das Urheberrecht an Schriftwerken ꝛc. (Bundes-Gesetzbl. 1870 S. 339), Platz greift.

§ 7. Wer ein von einem Anderen herrührendes Werk der bildenden Künste auf rechtmäßige Weise, aber mittelst eines anderen Kunstverfahrens nachbildet, hat in Beziehung auf das von ihm hervorgebrachte Werk das Recht eines Urhebers (§ 1), auch wenn das Original bereits Gemeingut geworden ist.

§ 8. Wenn der Urheber eines Werkes der bildenden Künste das Eigenthum am Werke einem Anderen überläßt, so ist darin die Uebertragung des Nachbildungsrechts fortan nicht enthalten; bei Porträts und Porträtbüsten geht dieses Recht jedoch auf den Besteller über.

Der Eigenthümer des Werkes ist nicht verpflichtet, dasselbe zum Zweck der Veranstaltung von Nachbildungen an den Urheber oder dessen Rechtsnachfolger herauszugeben.

B. Dauer des Urheberrechts.

§ 9. Der Schutz des gegenwärtigen Gesetzes gegen Nachbildung wird für die Lebensdauer des Urhebers und dreißig Jahre nach dem Tode desselben gewährt.

Bei Werken, welche veröffentlicht sind, ist diese Dauer des Schutzes an die Bedingung geknüpft, daß der wahre

Name des Urhebers auf dem Werke vollständig genannt oder durch kenntliche Zeichen ausgedrückt ist.

Werke, welche entweder unter einem anderen, als dem wahren Namen des Urhebers veröffentlicht, oder bei welchen ein Urheber gar nicht angegeben ist, werden dreißig Jahre lang, von der Veröffentlichung an, gegen Nachbildung geschützt. Wird innerhalb dieser dreißig Jahre der wahre Name des Urhebers von ihm selbst oder seinen hierzu legitimirten Rechtsnachfolgern zur Eintragung in die Eintragsrolle (§ 39 des Gesetzes vom 11. Juni 1870, betreffend das Urheberrecht an Schriftwerken 2c. — Bundes-Gesetzbl. 1870, S. 339) angemeldet, so wird dadurch dem Werke die im Absatz 1 bestimmte längere Dauer des Schutzes erworben.

§ 10. Bei Werken, die in mehreren Bänden oder Abtheilungen erscheinen, wird die Schutzfrist von dem ersten Erscheinen eines jeden Bandes oder einer jeden Abtheilung an berechnet.

Bei Werken jedoch, die in einem oder mehreren Bänden eine einzige Aufgabe behandeln und mithin als in sich zusammenhängend zu betrachten sind, beginnt die Schutzfrist erst nach dem Erscheinen des letzten Bandes oder der letzten Abtheilung.

Wenn indessen zwischen der Herausgabe einzelner Bände oder Abtheilungen ein Zeitraum von mehr als drei Jahren verflossen ist, so sind die vorher erschienenen Bände, Abtheilungen 2c. als ein für sich bestehendes Werk und ebenso die nach Ablauf der drei Jahre erscheinenden weiteren Fortsetzungen als ein neues Werk zu behandeln.

§ 11. Die erst nach dem Tode des Urhebers veröffentlichten Werke werden dreißig Jahre lang, vom Tode des Urhebers an gerechnet, gegen Nachbildung geschützt.

§ 12. Einzelne Werke der bildenden Künste, welche in periodischen Werken, als Zeitschriften, Taschenbüchern, Kalendern 2c., erschienen sind, darf der Urheber, falls nichts anderes verabredet ist, auch ohne Einwilligung des Herausgebers oder des Verlegers des Werkes, in welches dieselben aufgenommen sind, nach zwei Jahren, vom Ablaufe des Jahres des Erscheinens an gerechnet, anderweitig abdrucken.

§ 13. In dem Zeitraum der gesetzlichen Schutzfrist wird das Todesjahr des Verfassers beziehungsweise das Kalenderjahr der ersten Veröffentlichung oder des ersten Erscheinens des Werkes nicht eingerechnet.

§ 14. Wenn der Urheber eines Werkes der bildenden Künste gestattet, daß dasselbe an einem Werke der Industrie, der Fabriken, Handwerke oder Manufakturen nachgebildet wird, so genießt er den Schutz gegen weitere Nachbildungen an Werken der Industrie rc. nicht nach Maßgabe des gegenwärtigen Gesetzes, sondern nur nach Maßgabe des Gesetzes, betreffend das Urheberrecht an Mustern und Modellen.

§ 15. Ein Heimfallsrecht des Fiskus oder anderer zu herrenlosen Verlassenschaften berechtigter Personen findet auf das ausschließliche Recht des Urhebers und seiner Rechtsnachfolger nicht statt.

C. Sicherstellung des Urheberrechts.

§ 16. Die Bestimmungen in den §§ 18—42 des Gesetzes vom 11. Juni 1870, betreffend das Urheberrecht an Schriftwerken rc. (Bundes-Gesetzbl. 1870, S. 339) finden auch auf die Nachbildung von Werken der bildenden Künste entsprechende Anwendung.

Die Sachverständigen-Vereine, welche nach Maßgabe des § 31 des genannten Gesetzes Gutachten über die Nachbildung von Werken der bildenden Künste abzugeben haben, sollen aus Künstlern verschiedener Kunstzweige, aus Kunsthändlern, Kunstgewerbtreibenden und aus anderen Kunstverständigen bestehen.

D. Allgemeine Bestimmungen.

§ 17. Das gegenwärtige Gesetz tritt mit dem 1. Juli 1876 in Kraft. Alle früheren in den einzelnen Staaten des Deutschen Reichs geltenden Bestimmungen in Beziehung auf das Urheberrecht an Werken der bildenden Künste treten von demselben Tage ab außer Wirksamkeit.

§ 18. Das gegenwärtige Gesetz findet auch auf alle vor dem Inkrafttreten desselben erschienenen Werke der bildenden Künste Anwendung, selbst wenn dieselben nach den bisherigen Landesgesetzgebungen keinen Schutz gegen Nachbildung genossen haben.

Die bei dem Inkrafttreten dieses Gesetzes vorhandenen Exemplare, deren Herstellung nach der bisherigen Gesetzgebung gestattet war, sollen auch fernerhin verbreitet werden dürfen, selbst wenn ihre Herstellung nach dem gegenwärtigen Gesetze untersagt ist.

Ebenso sollen die bei dem Inkrafttreten dieses Gesetzes vorhandenen, bisher rechtmäßig angefertigten Vorrichtungen, wie Formen, Platten, Steine, Stereotypabgüsse u. s. w., auch fernerhin zur Anfertigung von Exemplaren benutzt werden dürfen.

Auch dürfen die beim Inkrafttreten des Gesetzes bereits begonnenen, bisher gestatteten Vervielfältigungen noch vollendet werden.

Die Regierungen der Staaten des Deutschen Reichs werden ein Inventarium über die Vorrichtungen, deren fernere Benutzung hiernach gestattet ist, amtlich aufstellen und diese Vorrichtungen mit einem gleichförmigen Stempel bedrucken lassen.

Nach Ablauf der für die Legalisirung angegebenen Frist unterliegen alle mit dem Stempel nicht versehenen Vorrichtungen der bezeichneten Werke, auf Antrag des Verletzten, der Einziehung. Die nähere Instruktion über das bei der Aufstellung des Inventariums und bei der Stempelung zu beobachtende Verfahren wird vom Reichskanzleramt erlassen.

§ 19. Die Ertheilung von Privilegien zum Schutze des Urheberrechts ist nicht mehr zulässig.

Dem Inhaber eines vor dem Inkrafttreten des gegenwärtigen Gesetzes von den Regierungen einzelner deutscher Staaten ertheilten Privilegiums steht es frei, ob er von diesem Privilegium Gebrauch machen oder den Schutz des gegenwärtigen Gesetzes anrufen will.

Der Privilegienschutz kann indeß nur für den Umfang derjenigen Staaten geltend gemacht werden, von welchen derselbe ertheilt worden ist.

Die Berufung auf den Privilegienschutz ist dadurch bedingt, daß das Privilegium entweder ganz oder dem wesentlichen Inhalte nach dem Werke vorgedruckt oder auf oder hinter dem Titelblatt desselben bemerkt ist. Wo dieses nach der Natur des Gegenstandes nicht stattfinden kann oder bisher nicht geschehen ist, muß das Privilegium, bei Vermeidung des Erlöschens, binnen drei Monaten nach dem Inkrafttreten dieses Gesetzes zur Eintragung in die Eintragsrolle ange= meldet werden. Das Kuratorium der Eintragsrolle hat das Privilegium öffentlich bekannt zu machen.

§ 20. Das gegenwärtige Gesetz findet Anwendung auf alle Werke inländischer Urheber, gleichviel ob die Werke im Inlande oder Auslande erschienen oder überhaupt noch nicht veröffentlicht sind.

Wenn Werke ausländischer Urheber bei inländischen Ver= legern erscheinen, so stehen diese Werke unter dem Schutze des gegenwärtigen Gesetzes.

§ 21. Diejenigen Werke ausländischer Urheber, welche in einem Orte erschienen sind, der zum ehemaligen Deutschen Bunde, nicht aber zum Deutschen Reich gehört, genießen den Schutz dieses Gesetzes unter der Voraussetzung, daß das Recht des betreffenden Staates den innerhalb des Deutschen Reichs erschienenen Werken einen den einheimischen Werken gleichen Schutz gewährt; jedoch dauert der Schutz nicht länger, als in dem betreffenden Staate selbst. Dasselbe gilt von nicht veröffentlichten Werken solcher Urheber, welche zwar nicht im Deutschen Reich, wohl aber im ehemaligen deutschen Bundes= gebiete staatsangehörig sind.

Gesetz,
betreffend den Schutz der Photographieen gegen unbefugte Nachbildung.
Vom 10. Januar 1876.

§ 1. Das Recht, ein durch Photographie hergestelltes Werk ganz oder theilweise auf mechanischem Wege nachzubil= den, steht dem Verfertiger der photographischen Aufnahme ausschließlich zu.

Auf Photographieen von solchen Werken, welche gesetzlich gegen Nachdruck und Nachbildung noch geschützt sind, findet das gegenwärtige Gesetz keine Anwendung.

§ 2. Als Nachbildung ist nicht anzusehen die freie Be=
nutzung eines durch Photographie hergestellten Werkes zur
Hervorbringung eines neuen Werkes.

§ 3. Die mechanische Nachbildung eines photographi=
schen Werkes, welche in der Absicht, dieselbe zu verbreiten,
ohne Genehmigung der Berechtigten (§§ 1 und 7) hergestellt
wird, ist verboten.

§ 4. Die Nachbildung eines photographischen Werkes,
wenn sie sich an einem Werke der Industrie, der Fabriken,
Handwerke oder Manufakturen befindet, ist als eine verbotene
nicht anzusehen.

§ 5. Jede rechtmäßige photographische oder sonstige
mechanische Abbildung der Originalaufnahme muß auf der
Abbildung selbst oder auf dem Karton

    a) den Namen beziehungsweise die Firma des Verfer=
       tigers der Originalaufnahme oder des Verlegers, und

    b) den Wohnort des Verfertigers oder Verlegers,

    c) das Kalenderjahr, in welchem die rechtmäßige Ab=
       bildung zuerst erschienen ist,

enthalten, widrigenfalls ein Schutz gegen Nachbildung nicht
stattfindet.

§ 6. Der Schutz des gegenwärtigen Gesetzes gegen Nach=
bildung wird dem Verfertiger des photographischen Werkes
fünf Jahre gewährt. Diese Frist wird vom Ablaufe des=
jenigen Kalenderjahres ab gerechnet, in welchem die recht=
mäßigen photographischen oder sonstigen mechanischen Abbil=
dungen der Originalaufnahme zuerst erschienen sind.

Wenn solche Abbildungen nicht erscheinen, so wird die
fünfjährige Frist von dem Ablauf desjenigen Kalenderjahres
ab gerechnet, in welchem das Negativ der photographischen
Aufnahme entstanden ist.

Bei Werken, die in mehreren Bänden oder Abtheilungen
erscheinen, findet der § 14 des Gesetzes vom 11. Juni 1870,
betreffend das Urheberrecht an Schriftwerken 2c., Anwendung.

§ 7. Das im § 1 bezeichnete Recht des Verfertigers
eines photographischen Werkes geht auf dessen Erben über.
Auch kann dieses Recht von dem Verfertiger oder dessen
Erben ganz oder theilweise durch Vertrag oder durch Ver=

fügung von Todeswegen auf Andere übertragen werden. Bei photographischen Bildnissen (Porträts) geht das Recht auch ohne Vertrag von selbst auf den Besteller über.

§ 8. Wer eine von einem Anderen verfertigte photographische Aufnahme durch ein Werk der malenden, zeichnenden oder plastischen Kunst nachbildet, genießt in Beziehung auf das von ihm hervorgebrachte Werk das Recht eines Urhebers nach Maßgabe des § 7 des Gesetzes vom 9. Januar b. J., betreffend das Urheberrecht an Werken der bildenden Künste.

§ 9. Die Bestimmungen in den §§ 18—38, 44, 61 Absatz 1 des Gesetzes vom 11. Juni 1870, betreffend das Urheberrecht an Schriftwerken ꝛc., finden auch Anwendung auf das ausschließliche Nachbildungs= und Vervielfältigungsrecht des Verfertigers photographischer Werke.

§ 10. Die Sachverständigen=Vereine, welche Gutachten über die Nachbildung photographischer Aufnahmen abzugeben haben, sollen aus Künstlern verschiedener Kunstzweige, aus Kunsthändlern, aus anderen Kunstverständigen und aus Photographen bestehen.

§ 11. Die Bestimmungen des gegenwärtigen Gesetzes finden auch Anwendung auf solche Werke, welche durch ein der Photographie ähnliches Verfahren hergestellt werden.

§ 12. Das gegenwärtige Gesetz tritt mit dem 1. Juli 1876 in Kraft. Auf photographische Aufnahmen, welche vor diesem Tage angefertigt sind, findet dasselbe nur dann Anwendung, wenn die erste rechtmäßige photographische oder sonstige mechanische Abbildung der Originalaufnahme nach dem Inkrafttreten des gegenwärtigen Gesetzes erschienen ist.

Photographische Aufnahmen, welche schon bisher landesgesetzlich gegen Nachbildung geschützt waren, behalten diesen Schutz; jedoch kann derselbe nur für denjenigen räumlichen Umfang geltend gemacht werden, für welchen er durch die Landesgesetzgebung ertheilt war.

Geſetz,

betreffend das Urheberrecht an Muſtern und Modellen.

Vom 11. Januar 1876.

§ 1. Das Recht, ein gewerbliches Muſter oder Modell ganz oder theilweiſe nachzubilden, ſteht dem Urheber deſſelben ausſchließlich zu.

Als Muſter oder Modelle im Sinne dieſes Geſetzes werden nur neue und eigenthümliche Erzeugniſſe angeſehen.

§ 2. Bei ſolchen Muſtern und Modellen, welche von den in einer inländiſchen gewerblichen Anſtalt beſchäftigten Zeichnern, Malern, Bildhauern ꝛc. im Auftrage oder für Rechnung des Eigenthümers der gewerblichen Anſtalt ange= fertigt werden, gilt der letztere, wenn durch Vertrag nichts anderes beſtimmt iſt, als der Urheber der Muſter und Modelle.

§ 3. Das Recht des Urhebers geht auf deſſen Erben über. Dieſes Recht kann beſchränkt oder unbeſchränkt durch Vertrag oder durch Verfügung von Todeswegen auf Andere übertragen werden.

§ 4. Die freie Benutzung einzelner Motive eines Muſters oder Modells zur Herſtellung eines neuen Muſters oder Modells iſt als Nachbildung nicht anzuſehen.

§ 5. Jede Nachbildung eines Muſters oder Modells, welche in der Abſicht, dieſelbe zu verbreiten, ohne Genehmi= gung des Berechtigten (§§ 1—3) hergeſtellt wird, iſt verboten. Als verbotene Nachbildung iſt es auch anzuſehen:

1. wenn bei Hervorbringung derſelben ein anderes Verfahren angewendet worden iſt, als bei dem Originalwerke, oder wenn die Nachbildung für einen anderen Gewerbszweig beſtimmt iſt, als das Original;
2. wenn die Nachbildung in anderen räumlichen Ab= meſſungen oder Farben hergeſtellt wird, als das Original, oder wenn ſie ſich vom Original nur durch ſolche Abänderungen unterſcheidet, welche nur bei Anwendung beſonderer Aufmerkſamkeit wahr= genommen werden können;

3. wenn die Nachbildung nicht unmittelbar nach dem Originalwerke, sondern mittelbar nach einer Nach=bildung desselben geschaffen ist.

§ 6. Als verbotene Nachbildung ist nicht anzusehen:
1. die Einzelkopie eines Musters oder Modells, sofern dieselbe ohne die Absicht der gewerbsmäßigen Ver=breitung und Verwerthung angefertigt wird;
2. die Nachbildung von Mustern, welche für Flächen=erzeugnisse bestimmt sind, durch plastische Erzeugnisse und umgekehrt;
3. die Aufnahme von Nachbildungen einzelner Muster oder Modelle in ein Schriftwerk.

§ 7. Der Urheber eines Musters oder Modells ge=nießt den Schutz gegen Nachbildung nur dann, wenn er das=selbe zur Eintragung in das Musterregister angemeldet und ein Exemplar oder eine Abbildung des Musters rc. bei der mit Führung des Musterregisters beauftragten Behörde nieder=gelegt hat.

Die Anmeldung und Niederlegung muß erfolgen, bevor ein nach dem Muster oder Modelle gefertigtes Erzeugniß verbreitet wird.

§ 8. Der Schutz des gegenwärtigen Gesetzes gegen Nachbildung wird dem Urheber des Musters oder Modells nach seiner Wahl ein bis drei Jahre lang, vom Tage der Anmeldung (§ 7) ab, gewährt.

Der Urheber ist berechtigt, gegen Zahlung der im § 12 Absatz 3 bestimmten Gebühr, eine Ausdehnung der Schutz=frist bis auf höchstens fünfzehn Jahre zu verlangen. Die Verlängerung der Schutzfrist wird in dem Musterregister eingetragen.

Der Urheber kann das ihm nach Absatz 2 zustehende Recht außer bei der Anmeldung auch bei Ablauf der drei=jährigen und der zehnjährigen Schutzfrist ausüben.

§ 9. Das Musterregister wird von den mit der Führung der Handelsregister beauftragten Gerichtsbeh···· geführt.

Der Urheber hat die Anmeldung und Niederlegung Musters oder Modells bei der Gerichtsbehörde seiner Haupt=

niederlassung, und falls er eine eingetragene Firma nicht besitzt, bei der betreffenden Gerichtsbehörde seines Wohnortes zu bewirken.

Urheber, welche im Inlande weder eine Niederlassung, noch einen Wohnsitz haben, müssen die Anmeldung und Niederlegung bei dem Handelsgericht in Leipzig bewirken.

Die Muster oder Modelle können offen oder versiegelt, einzeln oder in Paketen niedergelegt werden. Die Pakete dürfen jedoch nicht mehr als 50 Muster oder Modelle enthalten und nicht mehr als 10 Kilogramm wiegen. Die näheren Vorschriften über die Führung des Musterregisters erläßt das Reichskanzleramt.

Die Eröffnung der versiegelt niedergelegten Muster erfolgt drei Jahre nach der Anmeldung (§ 7) beziehentlich, wenn die Schutzfrist eine kürzere ist, nach dem Ablaufe derselben.

Die Eintragung und die Verlängerung der Schutzfrist (§ 8 Alinea 2) wird monatlich im Deutschen Reichsanzeiger bekannt gemacht. Die Kosten der Bekanntmachung hat der Anmeldende zu tragen.

§ 10. Die Eintragungen in das Musterregister werden bewirkt, ohne daß eine zuvorige Prüfung über die Berechtigung des Antragstellers oder über die Richtigkeit der zur Eintragung angemeldeten Thatsachen stattfindet.

§ 11. Es ist Jedermann gestattet, von dem Musterregister und den nicht versiegelten Mustern und Modellen Einsicht zu nehmen und sich beglaubigte Auszüge aus dem Musterregister ertheilen zu lassen. In Streitfällen darüber, ob ein Muster oder Modell gegen Nachbildung geschützt ist, können zur Herbeiführung der Entscheidung auch die versiegelten Pakete von der mit der Führung des Musterregisters beauftragten Behörde geöffnet werden.

§ 12. Alle Eingaben, Verhandlungen, Atteste, Beglaubigungen, Zeugnisse, Auszüge ꝛc., welche die Eintragung in das Musterregister betreffen, sind stempelfrei.

Für jede Eintragung und Niederlegung eines einzelnen Musters oder eines Pakets mit Mustern ꝛc. (§ 9) wird, insofern die Schutzfrist auf nicht länger als drei Jahre beanfprucht wird (§ 8 Abfatz 1), eine Gebühr von 1 Mark für jedes Jahr erhoben.

Nimmt der Urheber in Gemäßheit des § 8 Abfatz 2 eine längere Schutzfrist in Anfpruch, fo hat er für jedes weitere Jahr bis zum zehnten Jahre einfchließlich eine Gebühr von 2 Mark, von elf bis fünfzehn Jahren eine Gebühr von 3 Mark für jedes einzelne Mufter oder Modell zu entrichten. Für jeden Eintragungsfchein, fowie für jeden fonftigen Auszug aus dem Mufterregifter wird eine Gebühr von je 1 Mark erhoben.

§ 13. Derjenige, welcher nach Maßgabe des § 7 das Mufter oder Modell zur Eintragung in das Mufterregifter angemeldet und niedergelegt hat, gilt bis zum Gegenbeweife als Urheber.

§ 14. Die Beftimmungen in den §§ 18—36, 38 des Gefetzes vom 11. Juni 1870, betreffend das Urheberrecht an Schriftwerken 2c. (Bundes-Gefetzbl. 1870 S. 339) finden auch auf das Urheberrecht an Muftern und Modellen mit der Maßgabe entfprechende Anwendung, daß die vorräthigen Nachbildungen und die zur widerrechtlichen Vervielfältigung beftimmten Vorrichtungen nicht vernichtet, fondern auf Koften des Eigenthümers und nach Wahl deffelben entweder ihrer gefährdenden Form entkleidet oder bis zum Ablauf der Schutzfrift amtlich aufbewahrt werden.

Die Sachverftändigen-Vereine, welche nach § 31 des genannten Gefetzes Gutachten über die Nachbildung von Muftern oder Modellen abzugeben haben, follen aus Künftlern, aus Gewerbetreibenden verfchiedener Gewerbzweige und aus fonftigen Perfonen, welche mit dem Mufter und Modellwefen vertraut find, zufammengefetzt werden.

§ 15. Bürgerliche Rechtsftreitigkeiten, in welchen auf Grund der Beftimmungen diefes Gefetzes eine Klage wegen Entfchädigung, Bereicherung oder Einziehung angeftellt wird, gelten im Sinne der Reichs- und Landesgefetze als Handelsfachen.

§ 16. Das gegenwärtige Gefetz findet Anwendung auf alle Mufter und Modelle inländifcher Urheber, fofern die nach den Muftern oder Modellen hergeftellten Erzeugniffe im

Inlande verfertigt sind, gleichviel ob dieselben im Inlande oder Auslande verbreitet werden.

Wenn ausländische Urheber im Gebiete des Deutschen Reichs ihre gewerbliche Niederlassung haben, so genießen sie für die im Inlande gefertigten Erzeugnisse den Schutz des gegenwärtigen Gesetzes.

Im Uebrigen richtet sich der Schutz der ausländischen Urheber nach den bestehenden Staatsverträgen.

§ 17. Das gegenwärtige Gesetz tritt mit dem 1. April 1876 in Kraft. Es findet Anwendung auf alle Muster und Modelle, welche nach dem Inkrafttreten desselben angefertigt worden sind.

Muster und Modelle, welche vor diesem Tage angefertigt worden sind, genießen den Schutz des Gesetzes nur dann, wenn das erste nach dem Muster 2c. gefertigte Erzeugniß erst nach dem Inkrafttreten des Gesetzes verbreitet worden ist.

Muster und Modelle, welche schon bisher landes= gesetzlich gegen Nachbildung geschützt waren, behalten diesen Schutz; jedoch kann derselbe nur für denjenigen räumlichen Umfang geltend gemacht werden, für welchen er durch die Landesgesetzgebung ertheilt war.

Gesetz gegen die gemeingefährlichen Bestrebungen der Sozialdemokratie. (Im Auszug.)

Vom 21. Oktober 1878.

§ 11. Druckschriften, in welchen sozialdemokratische, sozialistische oder kommunistische auf den Umsturz der be= stehenden Staats= oder Gesellschaftsordnung gerichtete Be= strebungen in einer den öffentlichen Frieden, insbesondere die Eintracht der Bevölkerungsklassen gefährdenden Weise zu Tage treten, sind zu verbieten.

Bei periodischen Druckschriften kann das Verbot sich auch auf das fernere Erscheinen erstrecken, sobald auf Grund dieses Gesetzes das Verbot einer einzelnen Nummer erfolgt.

§ 12. Zuständig für das Verbot ist die Landespolizei= behörde, bei periodischen im Inlande erscheinenden Druck=

schriften die Landespolizeibehörde des Bezirks, in welchem die Druckschrift erscheint. Das Verbot der ferneren Verbreitung einer im Auslande erscheinenden periodischen Druckschrift steht dem Reichskanzler zu.

Das Verbot ist in der im § 6, Abs. 2 vorgeschriebenen Weise bekannt zu machen und ist für das ganze Bundes= gebiet wirksam.

§ 13. Das von der Landespolizeibehörde erlassene Ver= bot einer Druckschrift ist dem Verleger oder dem Herausgeber, das Verbot einer nicht periodisch erscheinenden Druckschrift auch dem auf derselben benannten Verfasser, sofern diese Personen im Inlande vorhanden sind, durch schriftliche, mit Gründen versehene Verfügung bekannt zu machen.

Gegen die Verfügung steht dem Verleger oder dem Herausgeber, sowie dem Verfasser die Beschwerde (§ 26) zu. Die Beschwerde ist innerhalb einer Woche nach der Zu= stellung der Verfügung bei der Behörde anzubringen, welche dieselbe erlassen hat.

Die Beschwerde hat keine aufschiebende Wirkung.

§ 14. Auf Grund des Verbots sind die von demselben betroffenen Druckschriften da, wo sie sich zum Zwecke der Verbreitung vorfinden, in Beschlag zu nehmen. Die Be= schlagnahme kann sich auf die zur Vervielfältigung dienenden Platten und Formen erstrecken; bei Druckschriften im engeren Sinne hat auf Antrag des Betheiligten statt Beschlagnahme des Satzes das Ablegen des letzteren zu geschehen. Die in Beschlag genommenen Druckschriften, Platten und Formen sind, nachdem das Verbot endgültig geworden ist, unbrauchbar zu machen.

Die Beschwerde findet nur an die Aufsichtsbehörden statt.

§ 15. Die Polizeibehörde ist befugt, Druckschriften der im § 11 bezeichneten Art, sowie die zu ihrer Vervielfältigung dienenden Platten und Formen schon vor Erlaß eines Ver= botes vorläufig in Beschlag zu nehmen. Die in Beschlag ge= nommene Druckschrift ist innerhalb vierundzwanzig Stunden der Landespolizeibehörde einzureichen. Letztere hat entweder die Wiederaufhebung der Beschlagnahme sofort anzuordnen oder innerhalb einer Woche das Verbot zu erlassen. Erfolgt das Verbot nicht innerhalb dieser Frist, so erlischt die Be-schlagnahme und müssen die einzelnen Stücke, Platten und Formen freigegeben werden.

§ 19. Wer eine verbotene Druckschrift (§§ 11, 12), oder wer eine von der vorläufigen Beschlagnahme betroffene Druck-schrift (§ 15) verbreitet, fortsetzt oder wieder abdruckt, wird mit Geldstrafe bis zu eintausend Mark oder mit Gefängniß bis zu sechs Monaten bestraft.

§ 22. Gegen Personen, welche sich die Agitation für die im § 1, Abs. 2 bezeichneten Bestrebungen zum Geschäfte machen, kann im Falle einer Verurtheilung wegen Zuwider-handlungen gegen die §§ 17 bis 20 neben der Freiheitsstrafe auf die Zulässigkeit der Einschränkung ihres Aufenthaltes er-kannt werden.

Auf Grund dieses Erkenntnisses kann dem Verurtheilten der Aufenthalt in bestimmten Bezirken oder Ortschaften durch die Landespolizeibehörde versagt werden, jedoch in seinem Wohnsitze nur dann, wenn er denselben nicht bereits seit sechs Monaten inne hat. Ausländer können von der Landespolizei-behörde aus dem Bundesgebiete ausgewiesen werden. Die Beschwerde findet nur an die Aufsichtsbehörden statt.

Zuwiderhandlungen werden mit Gefängniß von einem Monat bis zu einem Jahre bestraft.

§ 23. Unter den im § 22, Abs. 1 bezeichneten Vor-aussetzungen kann gegen Gastwirthe, Schankwirthe, mit Branntwein oder Spiritus Kleinhandel treibende Personen, Buchdrucker, Buchhändler, Leihbibliothekare und Inhaber von Lesekabinetten neben der Freiheitsstrafe auf Untersagung ihres Gewerbebetriebes erkannt werden.

§ 24. Personen, welche es sich zum Geschäft machen, die im § 1, Abs. 2 bezeichneten Bestrebungen zu fördern, oder welche auf Grund einer Bestimmung dieses Gesetzes rechtskräftig zu einer Strafe verurtheilt worden sind, kann von der Landespolizeibehörde die Befugniß zur gewerbs-mäßigen oder nicht gewerbsmäßigen öffentlichen Verbreitung von Druckschriften, sowie die Befugniß zum Handel mit Druckschriften im Umherziehen entzogen werden.

Die Beschwerde findet nur an die Aufsichtsbehörden statt.

4

§ 28. Für Bezirke oder Ortschaften, welche durch die im § 1, Abs. 2 bezeichneten Bestrebungen mit Gefahr für die öffentliche Sicherheit bedroht sind, können von den Central= behörden der Bundesstaaten die folgenden Anordnungen, soweit sie nicht bereits landesgesetzlich zulässig sind, mit Genehmigung des Bundesraths für die Dauer von längstens einem Jahre getroffen werden:

2. daß die Verbreitung von Druckschriften auf öffent= lichen Wegen, Straßen, Plätzen oder an anderen öffentlichen Orten nicht stattfinden darf.

Ueber jede auf Grund der vorstehenden Bestimmungen getroffene Anordnung muß dem Reichstag sofort beziehungs= weise bei seinem nächsten Zusammentreten Rechenschaft ge= geben werden.

Die getroffenen Anordnungen sind durch den Reichs= anzeiger und auf die für landespolizeiliche Verfügungen vor= geschriebene Weise bekannt zu machen.

Wer diesen Anordnungen oder den auf Grund derselben erlassenen Verfügungen mit Kenntniß oder nach erfolgter öffentlicher Bekanntmachung zuwiderhandelt, wird mit Geld= strafe bis zu eintausend Mark oder mit Haft oder mit Ge= fängniß bis zu sechs Monaten bestraft.

Uebereinkunft zwischen Deutschland und Frankreich, betreffend den Schutz an Werken der Litteratur und Kunst.

Vom 19. April 1883.

Art. 1. Die Urheber von Werken der Litteratur oder Kunst sollen, gleichviel ob diese Werke veröffentlicht sind oder nicht, in jedem der beiden Länder gegenseitig sich der Vor= theile zu erfreuen haben, welche daselbst zum Schutze von Werken der Litteratur oder Kunst gesetzlich eingeräumt sind oder eingeräumt werden. Sie sollen daselbst denselben Schutz und dieselbe Rechtshilfe gegen jede Beeinträchtigung ihrer Rechte genießen, als wenn diese Beeinträchtigung gegen inländische Urheber begangen wäre.

Diese Vortheile sollen ihnen jedoch gegenseitig nur so lange zustehen, als ihre Rechte in dem Ursprungslande in Kraft sind, und sollen in dem anderen Lande nicht über die Frist hinaus dauern, welche daselbst den inländischen Urhebern gesetzlich eingeräumt ist.

Der Ausdruck „Werke der Litteratur oder Kunst" umfaßt Bücher, Broschüren oder andere Schriftwerke; dramatische Werke, musikalische Kompositionen, dramatisch-musikalische Werke; Werke der zeichnenden Kunst, der Malerei, der Bildhauerei; Stiche, Lithographieen, Illustrationen, geographische Karten; geographische, topographische, architektonische oder naturwissenschaftliche Pläne, Skizzen und Darstellungen plastischer Art; und überhaupt jedes Erzeugniß aus dem Bereiche der Litteratur, Wissenschaft oder Kunst.

Art. 2. Die Bestimmungen des Art. 1 sollen auch Anwendung finden auf die Verleger solcher Werke, welche in einem der beiden Länder veröffentlicht sind und deren Urheber einer dritten Nation angehört.

Art. 3. Die gesetzlichen Vertreter oder Rechtsnachfolger der Urheber, Verleger, Uebersetzer, Komponisten, Zeichner, Maler, Bildhauer, Kupferstecher, Architekten, Lithographen u. s. w. sollen gegenseitig in allen Beziehungen dieselben Rechte genießen, welche die gegenwärtige Uebereinkunft den Urhebern, Verlegern, Uebersetzern, Komponisten, Zeichnern, Malern, Bildhauern, Kupferstechern, Architekten und Lithographen selbst bewilligt.

Art. 4. Es soll gegenseitig erlaubt sein, in einem der beiden Länder Auszüge oder ganze Stücke eines zum erstenmal in dem anderen Lande erschienenen Werkes zu veröffentlichen, vorausgesetzt daß diese Veröffentlichung ausdrücklich für den Schul- oder Unterrichtsgebrauch bestimmt und eingerichtet oder wissenschaftlicher Natur ist.

In gleicher Weise soll es gegenseitig erlaubt sein, Chrestomathieen, welche aus Bruchstücken von Werken verschiedener Urheber zusammengesetzt sind, zu veröffentlichen, sowie in eine Chrestomathie oder in ein in dem einen der beiden Länder erscheinendes Originalwerk eine in dem anderen

4*

Lande veröffentlichte Schrift von geringerem Umfange auf=
zunehmen.

Es muß jedoch jedesmal der Name des Urhebers oder
die Quelle angegeben sein, aus welcher die in den beiden
vorstehenden Absätzen gedachten Auszüge, Stücke von Werken,
Bruchstücke oder Schriften herrühren.

Die Bestimmungen dieses Artikels finden keine Anwen=
dung auf die Aufnahme musikalischer Kompositionen in Samm=
lungen, welche zum Gebrauche für Musikschulen bestimmt
sind; vielmehr gilt eine derartige Aufnahme, wenn sie ohne
Genehmigung des Komponisten erfolgt, als unerlaubter
Nachdruck.

Art. 5. Artikel, welche aus den in einem der beiden
Länder erschienenen Zeitungen oder periodischen Zeitschriften
entnommen sind, dürfen in dem anderen Lande im Original
oder in Uebersetzung gedruckt werden.

Jedoch soll diese Befugniß sich nicht auf den Abdruck,
im Original oder in Uebersetzung, von Feuilleton=Romanen
oder von Artikeln über Wissenschaft oder Kunst beziehen.

Das Gleiche gilt von anderen, aus Zeitungen oder
periodischen Zeitschriften entnommenen größeren Artikeln,
wenn die Urheber oder Herausgeber in der Zeitung oder in
der Zeitschrift selbst, worin dieselben erschienen sind, aus=
drücklich erklärt haben, daß sie deren Nachdruck untersagen.

In keinem Falle soll die im vorstehenden Absatz gestattete
Untersagung bei Artikeln politischen Inhalts Anwendung finden.

Art. 6. Das Recht auf Schutz der musikalischen Werke
begreift in sich die Unzulässigkeit der sogenannten musikalischen
Arrangements, nämlich der Stücke, welche nach Motiven
aus fremden Kompositionen ohne Genehmigung des Urhebers
gearbeitet sind.

Den betreffenden Gerichten bleibt es vorbehalten, die
Streitigkeiten, welche bezüglich der Anwendung obiger Vor=
schrift etwa hervortreten sollten, nach Maßgabe der Gesetz=
gebung jedes der beiden Länder zu entscheiden.

Art. 7. Um allen Werken der Litteratur und Kunst
den im Art. 1. vereinbarten Schutz zu sichern, und damit
die Urheber der gedachten Werke, bis zum Beweise des Gegen=

— 53 —

theils, als solche angesehen und demgemäß vor den Gerichten beider Länder zur Verfolgung von Nachdruck und Nach=bildung zugelassen werden, soll es es genügen, daß ihr Name auf dem Titel des Werkes, unter der Zueignung oder Vorrede, oder am Schlusse des Werkes angegeben ist.

Bei anonymen oder pseudonymen Werken ist der Verleger, dessen Name auf dem Werke steht, zur Wahrnehmung der dem Urheber zustehenden Rechte befugt. Derselbe gilt ohne weiteren Beweis als Rechtsnachfolger des anonymen oder pseudonymen Urhebers.

Art. 8. Die Bestimmungen des Art. 1 sollen auf die öffentliche Aufführung musikalischer, sowie auf die öffentliche Darstellung dramatischer oder dramatisch=musikalischer Werke gleichfalls Anwendung finden.

Art. 9. Den Originalwerken werden die in einem der beiden Länder veranstalteten Uebersetzungen inländischer oder fremder Werke ausdrücklich gleichgestellt. Demzufolge sollen diese Uebersetzungen, rücksichtlich ihrer unbefugten Verviel=fältigung in dem anderen Lande, den im Artikel 1 festgesetzten Schutz genießen.

Es ist jedoch wohlverstanden, daß der Zweck des gegen=wärtigen Artikels nur dahin geht, den Uebersetzer in Beziehung auf die von ihm gefertigte Uebersetzung des Originalwerkes zu schützen, keineswegs aber, dem ersten Uebersetzer irgend eines in todter oder lebender Sprache geschriebenen Werkes das ausschließliche Uebersetzungsrecht zu übertragen, außer in dem im folgenden Artikel vorgesehenen Falle und Umfange.

Art. 10. Den Urhebern in jedem der beiden Länder soll in dem anderen Lande während zehn Jahren nach dem Erscheinen der mit ihrer Genehmigung veranstalteten Ueber=setzung ihres Werkes das ausschließliche Uebersetzungsrecht zustehen.

Die Uebersetzung muß in einem der beiden Länder erschienen sein.

Behufs des Genusses des obengedachten ausschließlichen Rechtes ist es erforderlich, daß die genehmigte Uebersetzung innerhalb eines Zeitraumes von drei Jahren, von der Ver=

öffentlichung des Originalwerkes an gerechnet, vollständig erschienen sei.

Bei den in Lieferungen erscheinenden Werken soll der Lauf der in dem vorstehenden Absatz festgesetzten dreijährigen Frist erst von der Veröffentlichung der letzten Lieferung des Originalwerkes an beginnen.

Falls die Uebersetzung eines Werkes lieferungsweise erscheint, soll die im ersten Absatz festgesetzte zehnjährige Frist gleichfalls erst von dem Erscheinen der letzten Lieferung der Uebersetzung an zu laufen anfangen.

Indessen soll bei Werken, welche aus mehreren in Zwischenräumen erscheinenden Bänden bestehen, sowie bei fortlaufenden Berichten oder Heften, welche von litterarischen oder wissenschaftlichen Gesellschaften oder von Privatpersonen veröffentlicht werden, jeder Band, jeder Bericht oder jedes Heft, bezüglich der zehnjährigen und der dreijährigen Frist, als ein besonderes Werk angesehen werden.

Die Urheber dramatischer oder dramatisch=musikalischer Werke sollen, während der Dauer ihres ausschließlichen Uebersetzungsrechtes, gegenseitig gegen die nicht genehmigte öffentliche Darstellung der Uebersetzung ihrer Werke geschützt werden.

Art. 11. Wenn der Urheber eines musikalischen oder dramatisch=musikalischen Werkes sein Vervielfältigungsrecht an einen Verleger für eines der beiden Länder mit Ausschluß des anderen Landes abgetreten hat, so dürfen die demgemäß hergestellten Exemplare oder Ausgaben dieses Werkes in dem letzteren Lande nicht verkauft werden; vielmehr soll die Einführung dieser Exemplare oder Ausgaben daselbst als Verbreitung von Nachdruck angesehen und behandelt werden.

Die Werke, auf welche vorstehende Bestimmung sich bezieht, müssen auf ihrem Titel und auf ihrem Umschlag den Vermerk tragen: „In Deutschland (in Frankreich) ver= botene Ausgabe.“

Uebrigens sollen diese Werke in beiden Ländern zur Durchfuhr nach einem dritten Lande unbehindert zugelassen werden.

Die Bestimmungen des gegenwärtigen Artikels finden auf andere als musikalische oder bramatisch = musikalische Werke keine Anwendung.

Art. 12. Die Einfuhr, die Ausfuhr, die Verbreitung, der Verkauf und das Feilbieten von Nachbruck oder unbe= fugten Nachbildungen ist in jedem der beiden Länder verboten, gleichviel, ob dieser Nachbruck oder diese Nachbildungen aus einem der beiden Länder oder aus irgend einem britten Lande herrühren.

Art. 13. Jede Zuwiderhandlung gegen die Bestim= mungen der gegenwärtigen Uebereinkunft soll die Beschlag= nahme, Einziehung und Verurtheilung zu Strafe und Schaden= ersatz, nach Maßgabe der betreffenden Gesetzgebungen in gleicher Weise zur Folge haben, wie wenn die Zuwider= handlung ein Werk oder Erzeugniß inländischen Ursprungs betroffen hätte.

Die Merkmale, aus welchen der Thatbestand des Nach= bruchs oder der unbefugten Nachbildung sich ergiebt, sind durch die betreffenden Gerichte nach Maßgabe der in jedem der beiden Länder geltenden Gesetzgebung festzustellen.

Art. 14. Die Bestimmungen der gegenwärtigen Ueber= einkunft sollen in keiner Beziehung das einem jeden der beiden Hohen vertragschließenden Theile zustehende Recht beeinträchtigen, durch Maßregeln der Gesetzgebung oder inneren Verwaltung die Verbreitung, die Darstellung oder das Feilbieten eines jeden Werkes oder Erzeugnisses zu überwachen oder zu untersagen, in Betreff dessen die zuständige Behörde dieses Recht auszuüben haben würde.

Ebenso beschränkt die gegenwärtige Uebereinkunft in keiner Weise das Recht des einen oder des anderen der beiden Hohen vertragschließenden Theile, die Einfuhr solcher Bücher nach seinem Gebiete zu verhindern, welche nach seinen inneren Gesetzen oder in Gemäßheit seiner mit anderen Mächten getroffenen Abkommen für Nachbruck erklärt sind oder erklärt werden.

Art. 15. Die in der gegenwärtigen Uebereinkunft enthaltenen Bestimmungen sollen auf die vor deren Inkraft= treten vorhandenen Werke mit den Maßgaben und unter ben Bedingungen Anwendung finden, welche das der Uebereinkunft angeheftete Protokoll vorschreibt.

Art. 16. Die Hohen vertragschließenden Theile sind darüber einverstanden, daß jeder weitergehende Vortheil oder Vorzug, welcher künftighin von seiten eines derselben einer dritten Macht in Bezug auf die in der gegenwärtigen Uebereinkunft vereinbarten Punkte eingeräumt wird, unter der Voraussetzung der Reciprocität, den Urhebern des anderen Landes oder deren Rechtsnachfolgern ohne weiteres zu statten kommen soll.

Sie behalten sich übrigens das Recht vor, im Wege der Verständigung an der gegenwärtigen Uebereinkunft jede Verbesserung oder Veränderung vorzunehmen, deren Nützlichkeit sich durch die Erfahrung herausstellen sollte.

Art. 17. Die gegenwärtige Uebereinkunft tritt an die Stelle der früher zwischen Frankreich und den einzelnen deutschen Staaten abgeschlossenen Litterarkonventionen.

Sie soll während sechs Jahren von dem Tage ihres Inkrafttretens an in Geltung bleiben, und ihre Wirksamkeit soll alsdann so lange, bis sie von dem einen oder anderen der Hohen vertragschließenden Theile gekündigt wird, und noch ein Jahr nach erfolgter Kündigung fortdauern.

Art. 18. Die gegenwärtige Uebereinkunft soll ratifizirt und die Ratifikationsurkunden sollen sobald als möglich in Berlin ausgewechselt werden.

Sie soll in beiden Ländern drei Monate nach der Auswechselung der Ratifikationen in Kraft treten.

Protokoll.

Da es von den unterzeichneten Bevollmächtigten für nothwendig erachtet worden ist, die Rechte, welche der Art. 15 der unterm heutigen Tage zwischen Deutschland und Frankreich abgeschlossenen Litterarkonvention den Urhebern der vor deren Inkrafttreten vorhandenen Werke beilegt, näher zu bestimmen und zu regeln, so haben dieselben folgendes vereinbart:

1. Die Wohlthat der Bestimmungen der Uebereinkunft vom heutigen Tage wird denjenigen vor deren Inkrafttreten vorhandenen Werken der Litteratur und Kunst zu Theil, welche etwa einen gesetzlichen Schutz gegen Nachdruck, gegen Nachbildung, gegen unerlaubte öffentliche Aufführung oder Darstellung oder gegen unerlaubte Uebersetzung nicht genießen, oder diesen Schutz infolge der Nichterfüllung vorgeschriebener Förmlichkeiten verloren haben.

Der Druck der Exemplare, deren Herstellung beim Inkrafttreten der gegenwärtigen Uebereinkunft erlaubter Weise im Gange ist, soll vollendet werden dürfen; diese Exemplare sollen ebenso wie diejenigen, welche zu dem gleichen Zeitpunkt erlaubter Weise bereits hergestellt sind, ohne Rücksicht auf die Bestimmungen der Uebereinkunft, verbreitet und verkauft werden dürfen, vorausgesetzt, daß innerhalb dreier Monate, in Gemäßheit der von den betreffenden Regierungen erlassenen Anordnungen, die bei dem Inkrafttreten angefangenen oder fertig gestellten Exemplare mit einem besonderen Stempel versehen werden.

Ebenso sollen die beim Inkrafttreten der gegenwärtigen Uebereinkunft vorhandenen Vorrichtungen, wie Stereotypen, Holzstöcke und gestochene Platten aller Art, sowie lithographische Steine, während eines Zeitraumes von vier Jahren von diesem Inkrafttreten an benutzt werden dürfen, nachdem sie mit einem besonderen Stempel versehen worden sind.

Auf Anordnung der betreffenden Regierung soll ein Inventar der Exemplare von Werken und der Vorrichtungen, welche im Sinne dieses Artikels erlaubt sind, aufgenommen werden.

2. Was die dramatischen und die dramatisch-musikalischen Werke anlangt, welche in einem der beiden Länder erschienen und in dem anderen Lande vor dem Inkrafttreten der gegenwärtigen Uebereinkunft im Original oder in Uebersetzung öffentlich aufgeführt worden sind, so sollen dieselben den gesetzlichen Schutz gegen unerlaubte Aufführung nur insoweit genießen, als sie nach den früher zwischen Frankreich und den einzelnen deutschen Staaten abgeschlossenen Uebereinkommen geschützt waren.

3. Die Wohlthat der Bestimmungen gegenwärtiger Uebereinkunft soll auch denjenigen Werken, welche weniger als drei Monate vor dem Inkrafttreten erschienen sind, und bezüglich deren daher die gesetzliche Frist für die in einigen der früheren Uebereinkommen zwischen Frankreich und den einzelnen deutschen Staaten vorgeschriebene Ein=tragung noch nicht abgelaufen ist, zu statten kommen, und zwar ohne daß die Urheber zur Erfüllung jener Förm=lichkeit gehalten wären.

4. Anlangend das Uebersetzungsrecht, sowie die öffentliche Aufführung der Uebersetzungen von Werken, welche beim Inkrafttreten der gegenwärtigen Uebereinkunft noch nach den früheren Uebereinkommen geschützt sind, so soll die in den letzteren auf fünf Jahre bemessene Dauer jenes Rechtes unter der Voraussetzung auf zehn Jahre verlängert werden, daß entweder die fünfjährige Frist beim Inkrafttreten der gegenwärtigen Uebereinkunft noch nicht abgelaufen ist, oder aber, im Falle des schon erfolgten Ablaufes seitdem keine Uebersetzung erschienen ist, beziehungsweise keine Aufführung stattgefunden hat.

Ebenso sollen die Urheber bezüglich des Uebersetzungs=rechtes an ihren Werken, sowie der öffentlichen Aufführung von Uebersetzungen dramatischer oder dramatisch=musikalischer Werke, insoweit es sich um die durch die früheren Ueber=einkommen für den Beginn oder für die Vollendung der Uebersetzungen festgesetzten Fristen handelt, unter den im vorstehendrn Absatz vorgesehenen Voraussetzungen, die durch die gegenwärtige Uebereinkunft gewährten Vortheile genießen.

Das gegenwärtige Protokoll soll, als integrirender Theil der Uebereinkunft vom heutigen Tage, mit derselben rati=fizirt werden und gleiche Kraft, Geltung und Dauer wie diese Uebereinkunft haben.

Zu Urkund dessen haben die Bevollmächtigten das gegenwärtige Protokoll aufgenommen und dasselbe mit ihrer Unterschrift versehen.

So geschehen zu Berlin, den 19. April 1883.

Die vorstehende Uebereinkunft, sowie das vorstehende Protokoll sind ratifizirt worden und die Auswechselung der Ratifikations-Urkunden hat zu Berlin am 6. August 1883 stattgefunden.

———

Schlußprotokoll.

Im · Begriff, zur Vollziehung der Uebereinkunft zu schreiten, welche behufs gegenseitiger Gewährleistung des Schutzes von Werken der Litteratur und Kunst unterm heutigen Tage zwischen Deutschland und Frankreich abgeschlossen worden ist, haben die unterzeichneten Bevollmächtigten die nachstehenden Erklärungen und Vorbehalte verlautbart:

1. Da nach den Bestimmungen der deutschen Reichsgesetzgebung die Dauer des gesetzlichen Schutzes gegen Nachdruck und Nachbildung bei anonymen oder pseudonymen Werken in Deutschland auf dreißig Jahre nach dem Erscheinen beschränkt ist, es sei denn, daß jene Werke innerhalb dieser dreißig Jahre unter dem wahren Namen des Urhebers eingetragen werden, so wird verabredet, daß es den Urhebern der in einem der beiden Länder erschienenen anonymen oder pseudonymen Werke, oder deren gesetzlich berechtigten Rechtsnachfolgern freistehen soll, sich in dem anderen Lande die Wohlthat der normalen Dauer des Rechtes auf Schutz dadurch zu sichern, daß sie während der obenerwähnten dreißigjährigen Frist ihre Werke unter ihrem wahren Namen in dem Ursprungslande nach Maßgabe der daselbst geltenden gesetzlichen oder reglementarischen Vorschriften eintragen oder deponiren lassen.

2. Die zur Einfuhr erlaubten Bücher, welche aus einem der beiden Länder kommen, sollen in dem anderen Lande auch fernerhin, sowohl zum Eingange, als auch zur unmittelbaren Durchfuhr oder zur Niederlage, bei allen Zollstellen abgefertigt werden, welche für diesen Zweck gegenwärtig bestimmt sind oder künftig bestimmt werden.

3. Mit Rücksicht darauf, daß nach der deutschen Reichsgesetzgebung photographische Werke nicht denjenigen Werken beigezählt werden können, auf welche die gedachte Uebercin-

kunft Anwendung findet, behalten die beiden Regierungen sich eine spätere Verständigung vor, um durch ein besonderes Abkommen in beiden Ländern gegenseitig den Schutz der photographischen Werke sicher zu stellen.

Zu Urkund dessen haben die unterzeichneten Bevollmächtigten das Protokoll, welches ohne besondere Ratifikation durch die bloße Thatsache des Austausches der Ratifikationen zu der Uebereinkunft, auf die es sich bezieht, als von den betreffenden Regierungen genehmigt und bestätigt gelten soll, aufgenommen und dasselbe mit ihrer Unterschrift versehen.

So geschehen zu Berlin, den 19. April 1883.

Bekanntmachung,

betreffend die Ausführung der Uebereinkunft zwischen Deutschland und Frankreich über den Schutz an Werken der Litteratur und Kunst.

In Ausführung der Uebereinkunft zwischen Deutschland und Frankreich, betreffend den Schutz an Werken der Litteratur und Kunst, vom 19. April 1883, hat der Bundesrath die nachfolgenden Bestimmungen über die Eintragung und Stempelung der Exemplare von Schriftwerken ꝛc., sowie der zur Herstellung jener bestimmten Vorrichtungen erlassen:

§ 1. Gemäß den Bestimmungen des zu der deutsch-französischen Uebereinkunft vom 19. April 1883 gehörigen Protokolls dürfen diejenigen beim Inkrafttreten dieser Uebereinkunft, dem 6. November 1883, erlaubter Weise bereits hergestellten Exemplare von Werken der Litteratur und Kunst (Schriftwerke, Abbildungen, musikalische Kompositionen, Werke der bildenden Künste), deren Herstellung nach den Vorschriften der Uebereinkunft nicht mehr gestattet sein würde, auch ferner verbreitet und verkauft werden, vorausgesetzt, daß sie innerhalb dreier Monate, vom Inkrafttreten der Uebereinkunft ab gerechnet, amtlich abgestempelt werden.

Unter der gleichen Voraussetzung darf der Druck solcher Exemplare, wenn deren Herstellung beim Inkrafttreten der Uebereinkunft erlaubter Weise im Gange ist, vollendet werden.

Wer sich daher im Besitze von Exemplaren der im Abs. 1, 2 erwähnten Art befindet, hat dieselben bis zum 6. Februar 1884 einschließlich der Polizeibehörde seines Wohnortes zur Abstempelung vorzulegen.

Sortimentsbuchhändler, Kommissionäre 2c., welche solche Exemplare besitzen, können dieselben namens der Verleger oder ihrer Auftraggeber zur Abstempelung vorlegen, ohne daß es einer besonderen Vollmacht bedarf.

§ 2. Die Polizeibehörde stellt ein genaues Verzeichniß der ihr vorgelegten Exemplare nach dem nachstehenden Muster A auf und bedruckt demnächst jedes einzelne Exemplar mit ihrem Dienststempel.

§ 3. Gemäß den im Eingange des § 1 erwähnten Bestimmungen dürfen ferner diejenigen beim Inkrafttreten der Uebereinkunft vorhandenen, bisher erlaubter Weise angefertigten Vorrichtungen — wie Stereotypen, Holzstöcke, gestochene Platten aller Art, sowie lithographische Steine —, deren Benutzung nach der Uebereinkunft untersagt sein würde, während eines Zeitraumes von vier Jahren von dem Inkrafttreten der Uebereinkunft ab zur Anfertigung von Exemplaren benutzt werden, vorausgesetzt, daß diese Vorrichtungen amtlich mit einem Stempel versehen werden.

Wer sich daher im Besitze von Vorrichtungen der bezeichneten Art befindet, und dieselben noch ferner zur Herstellung von Exemplaren benutzen will, hat die Vorrichtungen bis zum 6. Februar 1884 einschließlich der Polizeibehörde seines Wohnortes vorzulegen.

Die Exemplare selbst, welche mit Hilfe gestempelter Vorrichtungen und innerhalb des vereinbarten Zeitraumes hergestellt worden sind, bedürfen eines Stempels nicht. Auf Verlangen sollen sie indessen ebenfalls amtlich abgestempelt werden.

Wer Exemplare der bezeichneten Art abgestempelt zu haben wünscht, hat dieselben bis zum 6. Februar 1888 einschließlich der gedachten Behörde vorzulegen.

§ 4. Die Polizeibehörde stellt ein genaues Verzeichniß der ihr vorgelegten Vorrichtungen nach dem nachstehenden

Muster B auf und bedruckt die Vorrichtungen demnächst, unter thunlichster Schonung derselben, mit ihrem Dienst= stempel, und zwar in einer Weise, welche die Erhaltung des Stempelzeichens möglichst sicherstellt.

Sie stellt ebenso ein genaues Verzeichniß der mit jenen Vorrichtungen hergestellten, ihr vorgelegten Exemplare nach dem im § 2 erwähnten Muster A auf und bedruckt demnächst jedes einzelne Exemplar mit ihrem Dienststempel.

§ 5. Ob die Herstellung der Exemplare oder Vor= richtungen nach dem bisherigen Vertragsrechte erlaubt war, hat die Polizeibehörde nicht zu prüfen; dagegen hat dieselbe die Stempelung zu verweigern, wenn sie ermittelt, daß die im § 1 bezeichneten Exemplare oder die im § 3 bezeichneten Vorrichtungen erst nach dem 6. November 1883, oder die im § 3 bezeichneten Exemplare mit Hilfe ungestempelter Vorrichtungen, oder erst nach dem 6. November 1887 her= gestellt worden sind.

§ 6. Die Verzeichnisse (§§ 2, 4) werden binnen sechs Wochen nach ihrem Abschluß von der Polizeibehörde an die zuständige Centralbehörde im Geschäftswege eingereicht und von der letzteren aufbewahrt. Einer Anzeige, daß bei der Polizeibehörde Exemplare oder Vorrichtungen zur Abstempelung überhaupt nicht vorgelegt worden sind, bedarf es nicht.

§ 7. Für die Eintragung und Abstempelung der Exemplare und Vorrichtungen werden Kosten nicht erhoben.

Berlin, den 3. November 1883.

B. In Oesterreich.

Preßgesetz
vom 17. Dezember 1862.

I. Allgemeine Bestimmungen.

§ 1. Die mit dem Patente vom 27. Mai 1852 ein= geführte Preßordnung wird sammt den darauf bezüglichen Nachtragsbestimmungen aufgehoben und es soll künftig der

Gebrauch der Presse nur durch das gegenwärtige Preß..esetz und die bestehenden Strafgesetze, soweit sie nicht durch die nachfolgenden Bestimmungen eine Abänderung erleiden, geregelt werden.

Meine Behörden, der Reichsrath, die Landtage und Landesausschüsse, dann die Centralkongregation des Lombardisch=venetianischen Königreiches sind bezüglich derjenigen Druck=schriften, die sie in ihrem gesetzlichen Wirkungskreise veröffent=lichen, an die Bestimmungen des zweiten Abschnittes dieses Preßgesetzes nicht gebunden.

§ 2. Die Bestimmungen dieses Gesetzes finden auch auf die unter der Militärgerichtsbarkeit stehenden Personen Anwendung, unbeschadet jedoch der besonderen Vorschriften, welche für dieselben in Ansehung der Disziplin bestehen.

§ 3. Das Recht zur Erzeugung, zum Verlage von Druckschriften und zum Verkehre mit denselben wird durch die Gewerbegesetze geregelt.

Es steht aber Jedermann frei, von ihm allein oder unter Mitwirkung Anderer, jedoch nach einem von ihm entworfenen selbständigen Plane verfaßte Schriften in Selbstverlag zu nehmen und in seiner Wohnung oder einem anderen ausschließlich dazu bestimmten Lokale für eigene Rechnung zu verkaufen.

Von der Eröffnung eines solchen Lokales ist jedoch der Sicherheitsbehörde vorläufige Anzeige zu erstatten. Die Nichtbeachtung dieser Vorschrift ist als Uebertretung mit einer Geldstrafe von 10 bis 100 Gulden zu ahnden.

Das Recht zur Herausgabe einer periodischen Druck=schrift (§ 10) schließt auch das Recht zum Verlage derselben in sich.

Uebrigens kann die politische Landesstelle den Verkauf periodischer Druckschriften, die Sicherheitsbehörde des Ortes aber den Verkauf von Schulbüchern, Kalendern, Heiligenbildern, Gebeten und Gebetbüchern bestimmten Personen für einen zu bezeichnenden Bezirk auf Widerruf bewilligen.

Gegen Buchdrucker, Buchhändler und andere Inhaber eines der im § 16, 8. 1, der Gewerbeordnung vom 20. Dezember 1859 aufgezählten Gewerbe kann die Entziehung der Gewerbeberechtigung außer dem Vollzuge eines Straf=

erkenntnisses wegen Verletzung der allgemeinen Straf= oder Steuergesetze nur dann verhängt werden:

a) wenn der Gewerbetreibende wegen des Inhaltes einer von ihm gewerbemäßig erzeugten, verlegten oder verbreiteten Druckschrift eines Verbrechens, oder wenn derselbe aus Anlaß einer solchen Schrift nach dem allgemeinen Strafgesetze oder wegen Ver= nachlässigung der pflichtmäßigen Obsorge und Auf= merksamkeit innerhalb des Zeitraumes von zwei Jahren dreimal eines Vergehens oder einer Ueber= tretung schuldig erkannt;

b) wenn derselbe nicht wegen des Inhaltes einer Druckschrift, sondern wegen einer anderen im § 7 der Gewerbeordnung vom 20. Dezember 1859 er= wähnten Handlung verurtheilt worden ist, und nach der Beschaffenheit des Gewerbes und der Natur der begangenen strafbaren Handlung unter den gegebenen Umständen von dem Fortbetriebe des Gewerbes Mißbrauch zu besorgen ist.

Die Entziehung des Gewerbebefugnisses darf in den Fällen des Absatzes a) nur von dem verurtheilenden Gerichte und in der Regel nur für die Dauer eines Jahres, dann aber für immer ausgesprochen werden, wenn die in jenem Absatze festgestellten Voraussetzungen bei einem der gedachten Gewerbetreibenden eintreten, über welchen die zeitliche Ent= ziehung der Gewerbeconcession schon einmal verhängt wurde.

In den im Absatze b) bezeichneten Fällen hingegen kann die Entziehung des Gewerbebefugnisses von der Gewerbe= behörde, und zwar sowohl für eine bestimmte Zeit, als auch für immer, jedoch nur innerhalb drei Monaten, vom Ein= tritte der Rechtskraft des die Entziehung bedingenden Er= kenntnisses an gerechnet, verhängt werden.

§ 4. Alles, was in diesem Gesetze bezüglich der Druck= schriften angeordnet wird, hat nicht bloß für die Erzeugnisse der Druckerpresse, sondern auch für alle durch was immer für mechanische oder chemische Mittel vervielfältigte Erzeugnisse der Litteratur und Kunst zu gelten.

§ 5. Wenn in diesem Gesetze dem Drucker eine Verpflichtung oder Verantwortlichkeit auferlegt wird, so ist darunter der Inhaber der Druckerei, oder, soferne er zur Besorgung derselben einen durch die Behörde genehmigten Geschäftsleiter bestellt hat, der letztere zu verstehen.

Besteht ein solcher Geschäftsleiter, so sind die Geld= und Arreststrafen gegen diesen, die ersteren jedoch unter Haftung des Gewerbe=Inhabers zu verhängen. Wenn nach dem Gesetze die Entziehung der Gewerbeberechtigung einzutreten hätte, so findet diese nur dann statt, wenn die Uebertretung mit dem Vorwissen des Gewerbe=Inhabers begangen wurde, und derselbe in der Lage war, die Uebertretung zu verhindern. Fällt diese dem verantwortlichen Geschäftsleiter zur Last, so ist dessen Beseitigung von dem Betriebe des Gewerbes auszusprechen.

Die hier angeführten Bestimmungen sind auch in Beziehung auf die Verpflichtungen und die Verantwortlichkeit anzuwenden, welche in diesem Gesetze dem Verleger auferlegt werden.

§ 6. Als Verbreitung kann im Sinne dieses Gesetzes nur der Vertrieb, Verschleiß oder die Vertheilung von Druckschriften, sowie das Anschlagen, Aufhängen oder Auflegen derselben an öffentlichen Orten, in Lesevereinen, Leihbibliotheken u. dgl. angesehen werden.

§ 7. Als eine periodische Druckschrift ist jene anzusehen, welche wenigstens einmal im Monate, wenn auch in ungleichen Zeitabschnitten erscheint.

Darunter sind jedoch in Lieferungen erscheinende Werke, die ein abgeschlossenes Ganzes zu bilden bestimmt sind, nicht begriffen.

Als zugehöriger Bestandtheil eines Blattes oder Heftes ist jede Beilage anzusehen, die mit demselben gleichzeitig ausgegeben und nicht abgesondert im Pränumerationswege veräußert wird.

Dagegen müssen in Ansehung aller Blätter, welche sich ihrem Inhalte nach als selbständige periodische Druckschriften darstellen und im Pränumerationswege abgesondert veräußert werden, die für das Erscheinen periodischer Druckschriften gesetzlich vorgezeichneten Bedingungen auch dann abgesondert erfüllt werden, wenn sie in der Form von Beilagen einer anderen periodischen Druckschrift oder mit demselben Titel ausgegeben werden, unter welchem diese erscheint.

§ 8. Die Bestimmungen des gegenwärtigen Gesetzes finden auf strafbare Handlungen, welche vor dem Tage, an dem seine Wirksamkeit beginnt, begangen wurden, nur insoferne Anwendung, als der Schuldige nach den bisherigen Gesetzen einer strengeren Behandlung unterliegen würde.

II. Bestimmungen zur Aufrechthaltung der Ordnung in Preßsachen.

§ 9. Auf jeder Druckschrift muß nebst dem Druckorte der Name (die Firma) des Druckers und der des Verlegers oder bei periodischen Druckschriften statt des letzteren der des Herausgebers angegeben werden.

Von dieser Verpflichtung findet eine Befreiung nur rücksichtlich solcher Erzeugnisse der Presse statt, welche lediglich den Bedürfnissen des Gewerbes und Verkehres oder des häuslichen und geselligen Lebens zu dienen bestimmt sind, wie: Formulare, Preißzettel, Visitenkarten u. s. w.

Jedes Blatt (Nummer) oder Heft einer periodischen Druckschrift hat überdies auch den Namen wenigstens eines verantwortlichen Redakteurs zu enthalten.

Die Nichtbeachtung der in diesem Paragraphen vorgezeichneten Vorschriften ist an dem Drucker als Uebertretung mit zwanzig bis zweihundert Gulden, eine wissentlich falsche Angabe aber ist an jedem Schuldtragenden als Vergehen mit der erwähnten Geldstrafe und überdies mit Arrest von einer Woche bis zu einem Monate zu bestrafen.

§ 10. Wer eine periodische Druckschrift herauszugeben beabsichtigt, hat dieses vorläufig dem Staatsanwalte und der landesfürstlichen Sicherheitsbehörde des Bezirkes, in welchem der Ort der Herausgabe gelegen ist, anzuzeigen.

Diese Anzeige hat folgendes zu enthalten:
1. Die Bezeichnung (den Titel) der periodischen Druckschrift, die Zeitabschnitte ihres Erscheinens und einen

Ueberblick der Gegenstände (Programm), welche sie zu behandeln bestimmt ist.

2. Den Namen und Wohnort eines verantwortlichen Redakteurs, und wenn deren mehrere auf dem Blatte genannt werden sollen, die Namen und Wohnorte aller nebst der Nachweisung, daß ihre Eigenschaften und Verhältnisse den im ersten Absatze des § 12 dieses Gesetzes vorgezeichneten Bedingungen entsprechen.

3. Den Namen und Wohnort des Druckers, sowie jenen des Verlegers, wenn derselbe vom Herausgeber verschieden ist.

Tritt während der Herausgabe einer periodischen Druckschrift in einem dieser Punkte eine Veränderung ein, so ist hiervon in der Regel noch vor der weiteren Herausgabe, wenn aber die Veränderung eine unvorhergesehene ist, binnen drei Tagen die Anzeige an die genannten Behörden zu machen.

Sind die in der Anzeige über die bevorstehende Hinausgabe einer periodischen Druckschrift enthaltenen Angaben und Nachweise unvollständig oder nicht genügend, so ist der Anzeiger von der Sicherheitsbehörde unter Hinweisung auf die Bestimmung des § 11 zur Ergänzung aufzufordern; findet dagegen die Sicherheitsbehörde den Ausweis vollkommen entsprechend, so setzt sie den Anzeiger hiervon in Kenntniß und weist ihn, wenn die Verpflichtung zur Kautionsleistung eintritt, zum Erlage derselben an, über dessen Vollzug er sich vor Beginn der Herausgabe bei dem Staatsanwalte und der Sicherheitsbehörde auszuweisen hat.

Wird binnen acht Tagen von seiten der Sicherheitsbehörde über die geschehene Anzeige oder über die Ergänzung derselben nichts verfügt, so kann, falls die Kaution, wo die Verpflichtung dazu eintritt, erlegt und der Erlag ausgewiesen wurde, mit der Herausgabe der periodischen Druckschrift begonnen werden.

§ 11. Wird mit der Herausgabe einer periodischen Druckschrift vor dem Erlage der Kaution oder vor Ablauf der im letzten Satze des § 10 bezeichneten Frist begonnen oder wird die vorgeschriebene Anzeige über eine während der

Herausgabe eingetretene Veränderung binnen der im § 10 bezeichneten Frist nicht erstattet, so sind der Herausgeber, Verleger, Redakteur und Drucker, so weit ihnen ein Ver=schulden zur Last fällt, einer Uebertretung schuldig, welche mit einer Geldstrafe von fünfzig bis zweihundert Gulden zu ahnden ist.

Enthielt die Anzeige falsche Angaben oder wurde ein gesetzlich Unfähiger (§ 12, zweiter Absatz) als Redakteur namhaft gemacht und ist darauf die Herausgabe der periodischen Druckschrift begonnen worden, oder leidet die Anzeige über eine während der Herausgabe eingetretene Veränderung an einem dieser Gebrechen, so sind die oben angeführten Personen, insoferne ihnen die Unwahrheit der Angaben, oder die Un=fähigkeit des Redakteurs bekannt war, eines Vergehens schuldig und nebst einer Geldstrafe von fünfzig bis fünfhundert Gulden mit Arrest von einer Woche bis zu einem Monate zu bestrafen.

In beiden angeführten Fällen kann die Herausgabe der Druckschrift bis zur Erfüllung der gesetzlichen Bedingungen, und zwar im Falle des ersten Absatzes durch die Sicherheits=behörde, im Falle des zweiten Absatzes durch das Gericht bei Einleitung der Untersuchung oder im Verlaufe derselben ein=gestellt werden.

Eine gegen die Einstellung erhobene Beschwerde hat keine aufschiebende Wirkung.

§ 12. *) Verantwortlicher Redakteur einer periodischen Druckschrift kann nur ein österreichischer Staatsbürger sein, welcher eigenberechtigt ist und am Orte ihres Erscheinens seinen Wohnsitz hat.

Gesetzlich unfähig zur Führung der verantwortlichen Redaktion einer periodischen Druckschrift sind jene, welche durch das Gemeindegesetz wegen begangener strafbarer Hand=lungen von der Wählbarkeit für die Gemeindevertretung aus=geschlossen werden.

§ 13. Zum Erlage einer Kaution ist jeder Heraus= geber einer periodischen Druckschrift verpflichtet, welche öfter

---

*) Abänderung vom 15. Oktober 1868.

als zweimal im Monat erscheint, und, sei es auch nur nebenher, die politische Tagesgeschichte behandelt oder politische, religiöse oder soziale Tagesfragen bespricht. Jedoch sind wissenschaftliche und Fachblätter, wenn sie nebenher Tagesfragen besprechen, die mit der Aufgabe derselben im Zusammenhange stehen, nicht kautionspflichtig. Für Blätter, welche von der Regierung herausgegeben werden, ist keine Kaution zu erlegen.

Die Entscheidung über die Verpflichtung zum Erlage einer Kaution steht bei erhobenem Einspruche der politischen Landesstelle und im weiteren Instanzenzuge dem Staatsministerium zu.

§ 14. Der Betrag der Kaution wird für periodische Druckschriften, welche in Wien oder in der Umgebung, d. i. bis zur Entfernung von zwei Meilen erscheinen, mit achttausend Gulden; an anderen Orten mit mehr als sechzigtausend Einwohnern oder in deren Umgebung mit sechstausend Gulden; an Orten mit mehr als dreißigtausend Einwohnern und ihrer Umgebung mit viertausend Gulden, an allen übrigen Orten mit zweitausend Gulden bestimmt. Für solche periodische Druckschriften jedoch, welche nicht öfter als dreimal in der Woche erscheinen, ist nur die Hälfte der ebenerwähnten Kautionsbeträge zu erlegen.

Der Erlag hat bei den durch besondere Vorschriften bezeichneten Kassen in baarem Gelde oder in auf Ueberbringer lautenden verzinslichen österreichischen Staatsschuldverschreibungen, in Grundentlastungs-Obligationen oder Pfandbriefen der Nationalbank oder der galizischen Kreditanstalt, nach dem Börsenkurse des Erlagtages berechnet, zu geschehen.

Die Kaution ist sechs Monate nach dem Aufhören des Erscheinens der Druckschrift, für die sie bestellt wurde, gegen die Bestätigung des Staatsanwaltes, daß aus Anlaß der Herausgabe jener Druckschrift weder eine Untersuchung anhängig, noch ein Strafvollzug oder Kostenersatz rückständig sei, zurückzustellen.

§ 15. Die Kaution unterliegt ganz oder zum Theile dem Verfalle und haftet für alle aus Anlaß der Herausgabe der periodischen Druckschrift, für die sie bestellt wurde, infolge Strafurtheiles zu bezahlenden Geldstrafen und Kosten des

Strafverfahrens auch dann, wenn der Erleger der Kaution für seine Person nicht strafbar befunden wurde.

Ist durch ein rechtskräftiges Erkenntniß die Kaution oder ein Theil derselben als verfallen erklärt, eine Geldstrafe oder ein Kostenersatz verfügt, so haben sich im ersteren Falle der Herausgeber, im letzteren aber die Verurtheilten binnen drei Tagen nach eingetretener Rechtskraft des Straferkennt= nisses bei dem Staatsanwalte auszuweisen, daß der Erlag des ihnen zur Zahlung auferlegten Betrages erfolgt sei; widrigens liegt dem Staatsanwalte ob, die Zahlung aus den als Kaution erliegenden Werthen zu veranlassen und zu diesem Ende, wenn die Kaution in Staatsschuldverschreibungen, Grundentlastungs = Obligationen oder Pfandbriefen geleistet wurde, diese bis zu dem erforderlichen Betrage börsenmäßig veräußern zu lassen.

Von dem Ergebnisse ist der Herausgeber zu verständigen.

§ 16. Wenn die Kaution durch die Vollziehung eines Strafurtheils vermindert worden ist, so muß die Ergänzung derselben längstens acht Tage nach erfolgter Verständigung bewerkstelligt und beim Staatsanwalte ausgewiesen werden, widrigens die Herausgabe der periodischen Druckschrift auf Veranlassung des Staatsanwaltes durch die Sicherheits= behörde für so lange einzustellen ist, bis die Ergänzung aus= gewiesen wird.

Die Einstellung ist auch dann zu verhängen, wenn aus Anlaß der Herausgabe einer periodischen Druckschrift, für welche keine Kaution erliegt, eine Verurtheilung zu Geldstrafe und Kostenersatz erfolgt und die Zahlung dieser Beträge nicht binnen acht Tagen nach eingetretener Rechtskraft des Er= kenntnisses bei dem Staatsanwalte ausgewiesen wird.

§ 17. Von jedem einzelnen Blatte oder Hefte einer periodischen Druckschrift hat der Drucker zugleich mit dem Beginne der Austheilung oder Versendung, von jeder anderen Druckschrift aber, welche nicht unter die Ausnahme des § 9 fällt und nicht mehr als fünf Bogen im Drucke beträgt, wenigstens vierundzwanzig Stunden vor der Austheilung oder Versendung bei der Sicherheitsbehörde des Ausgabeortes, und an Orten, wo ein Staatsanwalt seinen Sitz hat, auch bei diesem ein Exemplar zu hinterlegen.

Doch kann die Austheilung oder Versendung von Druck= schriften letzterer Art mit Zustimmung der Sicherheitsbehörde, bezüglich der Staatsanwaltschaft, auch vor Verlauf der Frist von vierundzwanzig Stunden stattfinden.

Die Nichtbeachtung der Vorschriften dieses Paragraphens ist am Drucker als Uebertretung mit einer Geldstrafe von zehn bis hundert Gulden zu ahnden.

§ 18. Von jeder zum Verkaufe bestimmten Druckschrift, welche im Inlande verlegt oder gedruckt wird, ist, insoferne sie nicht unter die im § 9 erwähnten Ausnahmen fällt, an das Staatsministerium, an das Polizeiministerium, an die K. K. Hofbibliothek und an jene Universitäts= oder Landes= bibliothek, welche durch besondere Kundmachung in jedem Ver= waltungsgebiete als hierzu berechtigt bezeichnet wird, je ein Pflichtexemplar zu überreichen. Von jeder periodischen Druck= schrift ist überdies ein Pflichtexemplar an den Chef des Verwaltungsgebietes, in welchem die Druckschrift erscheint, einzusenden.

Die Zusendung dieser Pflichtexemplare, welche die Porto= freiheit genießt, hat bei periodischen Druckschriften in den regelmäßigen Zeitabschnitten ihres Erscheinens, bei anderen Druckschriften aber binnen längstens acht Tagen, von der Ausgabe der Schrift an gerechnet, zu geschehen, und es werden bei Druckwerken von besonders kostspieliger Aus= stattung die wirklich bezogenen Pflichtexemplare mit dem nach besonderer Anordnung zu ermäßigenden Preise vergütet werden.

Die Ablieferung der Pflichtexemplare liegt dem Verleger, bei Druckschriften aber, auf welchen ein gewerbemäßiger Ver= leger nicht oder fälschlich genannt ist, oder welche im Auslande verlegt werden, dem Drucker ob.

Die Nichtbeachtung der diesfälligen Vorschrift wird an dem Verleger oder Drucker als Uebertretung mit einer Geldstrafe von fünf bis fünfzig Gulden geahndet, deren Erlag jedoch von der Pflicht zur Ablieferung des Exemplars nicht befreit.

§ 19. *) Jn eine periobiſche Druckſchrift muß jebe Berichtigung von darin mitgetheilten Thatſachen auf Verlangen einer Behörde oder betheiligten Privatperſon in das nach geſtelltem Begehren zunächſt erſcheinende Blatt oder Heft, und zwar ſowohl bezüglich des Ortes, der Einreihung, als auch bezüglich der Schrift (Lettern) ganz in derſelben Weiſe aufgenommen werden, in welcher ber zu berichtigende Artikel zum Abbrucke gebracht war.

Aemtliche Berichtigungen ſind ſtets, jene von Privatperſonen nur inſoferne unentgeltlich aufzunehmen, als der Umfang derſelben das zweifache Maß des Artikels, gegen den ſie gerichtet ſind, nicht überſteigt; im entgegengeſetzten Falle ſind für das Mehr die üblichen Einrückungsgebühren zu entrichten.

Ueber das Begehren um Aufnahme einer Berichtigung iſt auf Verlangen eine Beſcheinigung auszuſtellen. Wird die Aufnahme einer Berichtigung verweigert, ſo iſt dieſelbe durch den Staatsanwalt zu bewirken, welcher bei fortgeſetzter Weigerung nöthigenfalls das Erſcheinen der periodiſchen Druckſchrift bis zur Erfüllung der Verbindlichkeit durch die Sicherheitsbehörde einzuſtellen berechtigt iſt. Die gegen ben ſtaatsanwaltſchaftlichen Auftrag zur Aufnahme einer Berichtigung an den Oberſtaatsanwalt ergriffene Beſchwerde hat keine aufſchiebende Wirkung.

Findet der Staatsanwalt dem Anſuchen um Erlaſſung des Auftrages zur Aufnahme einer Berichtigung nicht zu willfahren, oder will ſich der Betheiligte nicht an ihn wenden, ſo ſteht ihm frei, die Hilfe des Gerichtes in Anſpruch zu nehmen, welches hierüber nach § 21 zu verfahren hat.

§ 20. Eine periodiſche Druckſchrift, welche Anzeigen (Jnſerate) aufnimmt, kann verhalten werden, ämtliche Erläſſe, welche zur Veröffentlichung von der Behörde zugemittelt werden, jedoch nur gegen Vergütung der üblichen Einrückungsgebühren aufzunehmen.

Verfügungen und Erkenntniſſe der Strafgerichte, welche infolge einer wegen des Jnhaltes einer periodiſchen Druck=

---

*) Abänderung vom 15. Oktober 1868.

schrift eingeleiteten Untersuchung erflossen sind, müssen über den auf Verlangen des Staatsanwaltes oder Privatklägers ergangenen Auftrag des Gerichtes in dem nächsten Blatte oder Hefte dieser Druckschrift, und zwar auf der ersten Seite desselben kostenfrei aufgenommen werden.

§ 21. *) Die Weigerung des verantwortlichen Redakteurs, einen ihm vom Staatsanwalte (§ 19) oder einer Behörde überhaupt (§ 20) zur Aufnahme mitgetheilten Aufsatz in der gesetzlich vorgeschriebenen Art und Zeit abdrucken zu lassen, begründet eine Uebertretung und wird mit einer Geldstrafe von zwanzig bis zweihundert Gulden bestraft.

Diese Bestrafung tritt auch dann ein, wenn der Redakteur infolge der von einer Partei dem Gerichte unmittelbar oder wegen versagten Einschreitens von seiten der Staatsanwaltschaft (§ 19) erstatteten Anzeige der grundlosen Weigerung, eine thatsächliche Berichtigung aufzunehmen, schuldig erkannt wird. Auch hat in diesem Falle das Gericht die Einstellung der Herausgabe der Druckschrift bis zur Erfüllung der Verpflichtung zu verfügen.

§ 22. Alle in den §§ 19 und 20 bezeichneten Schriftstücke müssen unverändert und ohne Einschaltung irgend einer Art abgedruckt werden.

Periodische Druckschriften, welche eine amtliche Berichtigung oder eines der im § 20 erwähnten Schriftstücke aufzunehmen verpflichtet sind, dürfen in demselben Blatte oder Hefte, in welchem der Abdruck erfolgt, weder Zusätze noch Bemerkungen über den Inhalt dieser Veröffentlichung aufnehmen.

Dem Abdrucke von Verfügungen oder Erkenntnissen der Strafgerichte, deren Veröffentlichung durch die Presse infolge richterlichen Auftrages zu geschehen hat, dürfen derlei Bemerkungen oder Zusätze auch in solchen periodischen Druckschriften nicht beigefügt werden, welche die Veröffentlichung unternommen haben, ohne hierzu verpflichtet zu sein.

Die Verletzung dieser Vorschriften ist als Uebertretung mit einer Geldstrafe von zwanzig bis zweihundert Gulden zu belegen.

---

*) Abänderung vom 15. Oktober 1868.

§ 23. Das Haufieren mit Druckschriften, das Ausrufen, Vertheilen und Feilbieten derselben außerhalb der hiezu ordnungsmäßig bestimmten Lokalitäten und das Sammeln von Pränumeranten oder Subskribenten durch Personen, welche nicht mit einem hierzu von der Sicherheitsbehörde besonders ausgestellten Erlaubnißscheine versehen sind, ist verboten.

Ebenso ist das Aushängen oder Anschlagen von Druck= schriften in den Straßen oder an anderen öffentlichen Orten ohne besondere Bewilligung der Sicherheitsbehörde untersagt. Dieses Verbot bezieht sich jedoch nicht auf Kundmachungen von rein örtlichem oder gewerblichem Interesse, als: Theater= zettel, Ankündigungen von öffentlichen Lustbarkeiten, von Vermiethungen, Verkäufen u. dgl. Doch dürfen auch solche Ankündigungen nur an den von der Behörde hierzu bestimmten Plätzen angeschlagen werden.

Die Verletzung dieser Vorschriften wird an dem Schuld= tragenden als Uebertretung mit einer Geldstrafe von fünf bis zweihundert Gulden bestraft. Die bei ungesetzlicher Ver= breitung ergriffenen und die verbotswidrig angeschlagenen Druckschriften unterliegen dem Verfalle.

§ 24. Wer eine Druckschrift ungeachtet des durch richterliches Erkenntniß ausgesprochenen, gehörig kundgemachten Verbotes, oder wer wissentlich eine mit Beschlag belegte Druckschrift weiter verbreitet, oder deren Inhalt durch den Druck veröffentlicht, macht sich eines Vergehens schuldig und ist mit einer Geldstrafe von fünfzig bis fünfhundert Gulden, bei wiederholter Verurtheilung aber überdies mit Arrest von einer Woche bis zu einem Monat zu bestrafen.

§ 25. In allen Fällen, in denen die Herausgabe einer periodischen Druckschrift durch die Sicherheitsbehörde (§§ 11, 16 und 19) oder durch richterliches Erkenntniß (§§ 11 und 38) eingestellt wurde, begründet die unbefugte Fortsetzung ihrer Herausgabe ein Vergehen, welches an den Schuld= tragenden mit einer Geldstrafe von fünfzig bis fünfhundert Gulden zu ahnden ist.

§ 26. Die Verbote bestimmter ausländischer Druck= schriften, welche nach der Preßordnung vom 27. Mai 1852, Reichs=Gesetz=Blatt Nr. 122, im politischen Wege erlassen wurden, sind durch dieses Gesetz aufgehoben. Insoferne jedoch derlei Druckschriften durch die Sicherheitsbehörde neuerlich mit Beschlag belegt werden, hat der Staatsanwalt die Rechtfertigung der Beschlagnahme nach den Vorschriften des Verfahrens in Preßsachen binnens längstens drei Monaten, vom Beginne der Wirksamkeit dieses Gesetzes gerechnet, zu erwirken.

Die Entziehung des Postdebits ausländischer Druckschriften kann nur vom Staatsministerium verfügt werden.

§ 27. Die Strafbarkeit der Vergehen und Uebertretungen, welche gegen die in diesem Abschnitte enthaltenen Bestimmungen begangen werden, erlischt, soferne sich nicht bei Anwendung der Bestimmungen des Strafgesetzes auf dieselben eine kürzere Verjährungszeit ergibt, in sechs Monaten, von dem Tage gerechnet, an welchem das Vergehen oder die Uebertretung begangen oder das eingeleitete Verfahren unterbrochen und nicht weiter fortgesetzt worden ist.

III. Bestimmungen über die strafbaren Handlungen, welche durch den Inhalt von Druckschriften begangen werden.

§ 28. Insoferne durch den Inhalt einer Druckschrift eine nach den bestehenden Strafgesetzen strafbare Handlung begangen wurde, sind darauf die Bestimmungen dieser Gesetze anzuwenden.

Nach diesen Bestimmungen ist daher auch die Strafbarkeit jener Personen zu beurtheilen, welche zur Drucklegung oder Verbreitung eines Erzeugnisses der Presse mitgewirkt haben.

Die hiernach begründete Strafbarkeit wird durch die der Druckschrift beigefügte Erklärung, mit dem Inhalte eines zur Veröffentlichung gebrachten Aufsatzes nicht einverstanden zu sein oder eine Mittheilung nicht vertreten zu wollen, ebensowenig, als durch den Umstand aufgehoben, daß ein anderer die Verantwortlichkeit allein übernehmen zu wollen erklärt.

Dagegen kann für wahrheitsgetreue Mittheilungen öffentlicher Verhandlungen des Reichsrathes und der Landtage niemand zur Verantwortung gezogen werden.

§ 29. *)Der Verfasser einer von demselben zur Ver=
öffentlichung durch die Presse bestimmten, den Thatbestand
eines Verbrechens oder Vergehens begründenden Druckschrift
ist, wenngleich ihm dieses Verbrechen oder Vergehen nach
den allgemeinen Grundsätzen des Strafgesetzbuches nicht zu=
gerechnet werden kann, dennoch für die Vernachläſſigung jener
Aufmerksamkeit verantwortlich, durch deren pflichtmäßige An=
wendung der strafbare Charakter des Inhaltes der Schrift
hätte vermieden werden können.

§ 30. *)Dem Herausgeber oder Verleger einer Druck=
schrift strafbaren Inhaltes fällt die Vernachläſſigung pflicht=
mäßiger Obsorge und Aufmerksamkeit zur Last, wenn nicht
der erstere einen Verfasser, der letztere aber einen Verfasser
oder Herausgeber schon bei der ersten gerichtlichen Vernehmung
namhaft zu machen und auszuweisen vermag, welcher zur Zeit,
da die Druckschrift zur Herausgabe oder zum Verlage über=
nommen wurde, in dem Bereiche jener Länder seinen bleiben=
den Aufenthalt hatte, für welche dieses Preßgesetz gilt.

§ 31. *)Dem Drucker ist die Vernachläſſigung der pflicht=
mäßigen Aufmerksamkeit und Obsorge zur Last zu legen, wenn
bei der Drucklegung die Vorschriften der §§ 9 und 17 nicht
beobachtet wurden, oder wenn auf der Druckschrift kein
inländischer Verleger genannt ist, und wenn für den Drucker
nicht jene Befreiungsgründe sprechen, welche nach § 30 dem
Verleger zu statten kommen; dem Verbreiter aber dann, wenn
die Verbreitung auf eine durch das Gesetz untersagte Weise
geschah (§ 23), wenn eine Druckschrift ungeachtet des durch
richterliches Erkenntniß ausgesprochenen, gehörig kundgemachten
Verbotes, oder wenn wissentlich eine mit Beschlag belegte
Druckschrift weiter verbreitet wurde, wenn auf der Schrift
die Angabe des Ortes des Erscheinens gänzlich fehlt, oder
weder der Verfasser noch ein gewerbemäßiger Verleger an=
gegeben ist, oder die Unrichtigkeit dieser Angaben erkennbar
war, endlich dann, wenn im Auslande erschienene und hier
verbreitete Schriften durch ihren Titel oder Gegenstand, durch
den bekannten Namen des Verfassers, durch das, was dem

---

*) Wird aufgehoben. Neue Bestimmungen vom 15. Oktober 1868.

Verbreiter über den Inhalt derselben bekannt wurde, oder durch die Art der Zusendung die Aufmerksamkeit zu erregen geeignet waren. *)

§ 32. *) Der Redakteur einer periodischen Druckschrift strafbaren Inhaltes ist für die Vernachlässigung pflichtmäßiger Obsorge und Aufmerksamkeit jederzeit verantwortlich.

Von dieser Verantwortlichkeit wird er weder durch die Beifügung allgemeiner oder besonderer Verwahrungen, noch auch durch die Erklärung eines anderen, daß er die Verantwortung allein übernehmen wolle, befreit.

§ 33. *) Die Personen, welchen im Sinne der §§ 29, 30, 31 und 32 die Vernachlässigung pflichtmäßiger Obsorge oder Aufmerksamkeit bezüglich einer Druckschrift zur Last fällt, machen sich, wenn der Inhalt der Schrift ein Verbrechen begündet, eines Vergehens, wenn hingegen derselbe nur ein Vergehen darstellt, einer Uebertretung schuldig, und sind im ersteren Falle mit Arrest von einem bis zu sechs Monaten, im letzteren Falle dagegen mit einer Geldstrafe von zwanzig bis zweihundert Gulden zu belegen.

§ 34. Die §§ 28, 29, 251 und 252, dann der letzte Satz des § 493 des Strafgesetzes werden aufgehoben. An ihre Stelle treten die in den folgenden Paragraphen enthaltenen Bestimmungen.

§ 35. Wird jemand wegen des Inhaltes einer Druckschrift, für welche nach § 13 eine Kaution zu erlegen war, eines Verbrechens oder Vergehens schuldig erkannt, so ist nebst der in den bezüglichen Gesetzen ausgesprochenen Strafe auch auf Verfall der Kaution zu Gunsten des Almosenfonds jenes Ortes zu erkennen, wo die strafbare Handlung verübt worden ist.

Der Verfall der Kaution ist, wenn eine Verurtheilung wegen eines Verbrechens erfolgte, für welches nach dem Gesetze auf eine mehr als fünfjährige Kerkerstrafe erkannt werden kann, vom halben bis zum vollen Betrage, bei allen anderen Verbrechen im Betrage von dreihundert Gulden bis zur Hälfte der Kaution, endlich bei allen Vergehen im Betrage

---

*) Wird aufgehoben. Neue Bestimmungen vom 15. Oktober 1868.

von sechzig bis dreihundert Gulden auszusprechen, und es kann der Gerichtshof hierbei niemals unter das geringste gesetzliche Ausmaß herabgehen.

Auch in Fällen, wo jemand aus Anlaß des Inhaltes einer solchen Druckschrift wegen Vernachlässigung der pflicht= mäßigen Obsorge verurtheilt worden ist, muß der Verfall der Kaution mit Rücksicht auf jenen Inhalt, je nachdem darin der Thatbestand eines Verbrechens oder Vergehens erkannt wurde, nach dem eben erwähnten Ausmaße verhängt werden.

. § 36. Mit jedem gerichtlichen Erkenntnisse, das den Inhalt einer Druckschrift (eines Blattes, Heftes oder Werkes) als Verbrechen erklärt, ist auch das Verbot ihrer weiteren Verbreitung zu verbinden.

Dieses Verbot kann das Gericht auch dann aussprechen, wenn es in dem Inhalte einer Druckschrift nur ein Vergehen oder eine Uebertretung erkennt.

Jedes gerichtliche Verbot der Verbreitung einer Druck= schrift ist durch die amtlichen Blätter kundzumachen.

§ 37. In allen Fällen, wo das Verbot einer Druck= schrift ausgesprochen wird, kann das Gericht auch auf die Vernichtung der für strafbar erklärten Druckschrift im ganzen oder eines Theiles derselben, sowie auf die Zerstörung der zu deren Vervielfältigung geeigneten Zurichtung, des Satzes, der Platten, Formen, Steine u. dgl. erkennen.

Die Vernichtung von Druckschriften erstreckt sich jedoch nicht auf jene Exemplare, welche bereits in den Besitz dritter Personen zu eignem Gebrauche übergegangen sind.

§ 38. *) Auf die Einstellung des weiteren Erscheinens einer periodischen Druckschrift, und zwar bis auf die Dauer von drei Monaten, kann das Gericht nur über besonderen Antrag des Staatsanwaltes dann erkennen, wenn durch den Inhalt derselben ein mit mehr als fünfjähriger Kerkerstrafe bedrohtes Verbrechen, oder innerhalb der Frist eines Jahres entweder zweimal ein geringer bestraftes Verbrechen, oder ein solches Verbrechen und ein Vergehen, oder dreimal ein Vergehen begründet wurde.

---

*) Wird aufgehoben laut Gesetz vom 15. October 1868.

Unter den nämlichen Voraussetzungen kann das Gericht das Verbot der weiteren Verbreitung einer im Auslande erscheinenden periodischen Druckschrift aussprechen.

§ 39. Wenn der Staatsanwalt oder der Privatankläger auf Veröffentlichung des aus Anlaß einer Druckschrift ergangenen Straferkenntnisses anträgt, so hat das Gericht auch darüber zu erkennen und den Zeitpunkt, sowie die Art der Veröffentlichung, welche auf Kosten des Verurtheilten zu geschehen hat, genau zu bestimmen.

§ 40. Bezüglich der Verjährung einer durch eine Druckschrift verübten strafbaren Handlung gelten zwar im allgemeinen (§ 28) die Grundsätze des Strafgesetzes. Indessen ist selbst in dem Falle, wo bezüglich einer solchen Handlung nach diesen Grundsätzen die Verjährung noch nicht eingetreten ist, jede weitere Verfolgung ausgeschlossen, wenn seit dem Erscheinen der Druckschrift oder dem Beginne ihrer Verbreitung im Inlande sechs Monate verflossen sind und während derselben eine strafgerichtliche Verfolgung im Inlande, obgleich eine solche möglich war, gegen keinen der Schuldigen eingeleitet oder das eingeleitete Verfahren durch ebenso lange Zeit nicht fortgesetzt wurde.

Dieselben Grundsätze gelten auch hinsichtlich der Verjährung jener Vergehen und Uebertretungen, welche durch Vernachlässigung pflichtmäßiger Obsorge oder Aufmerksamkeit in Bezug auf Druckschriften begangen werden.

§ 41. Das Staatsministerium und die Ministerien der Justiz, des Krieges und der Polizei sind mit dem Vollzuge dieses Gesetzes beauftragt.

Gesetz
über das Strafverfahren in Preßsachen,
vom 17. Dezember 1862.

§ 1. Das Strafrichteramt in Preßsachen steht ausschließlich den Gerichten, und zwar, wenn es sich um Uebertretungen, welche durch Außerachtlassung der Vorschriften zur

Aufrechthaltung der Ordnung in Preßsachen begangen werden, handelt, den Bezirksgerichten, in allen übrigen Fällen den Kreis- und Landesgerichten als Preßgerichten zu.

§ 2. Zuständig ist dasjenige Kreis- oder Landesgericht, in dessen Sprengel die strafbare Handlung begangen wurde, und dasjenige Bezirksgericht, welches am Sitze des Kreis- oder Landesgerichtes besteht, in dessen Sprengel die Uebertretung begangen worden; falls daselbst mehrere Bezirksgerichte bestehen, dasjenige, welches in den Organisirungsvorschriften als das erste bezeichnet wird.

§ 3. Wird die strafbare Handlung durch den Inhalt einer Druckschrift begangen, so ist, wenn der Druckort bekannt ist und im Inlande liegt, stets dieser, wenn solcher aber im Auslande oder unbekannt ist, der Ort der Verbreitung im Inlande als Thatort anzusehen.

Erscheinen im letzteren Falle mehrere Gerichte für dieselbe Untersuchung zuständig, so entscheidet unter ihnen das Zuvorkommen.

§ 4. Die strafgerichtliche Verfolgung der durch die Presse verübten strafbaren Handlungen findet im Wege des Anklageprozesses statt. Es erfolgt daher das Einschreiten der Gerichte in Preßsachen nur über Antrag des Staatsanwaltes oder in den von dem Gesetze bestimmten Fällen über Antrag eines Privatanklägers oder dessen Bevollmächtigten.

§ 5. Treffen durch die Presse begangene strafbare Handlungen miteinander oder treffen mit einer durch die Presse begangenen strafbaren Handlung strafbare Handlungen anderer Art zusammen, so kann auf Verlangen des Staatsanwaltes oder Privatanklägers hinsichtlich jeder durch die Presse begangenen strafbaren Handlung ein abgesondertes Verfahren und Erkenntniß stattfinden.

Gegen die vom Gerichte verfügte Absonderung ist eine Berufung nicht zulässig.

Im Falle einer abgesonderten Entscheidung hat das Gericht bei Bemessung der Strafe für die später zur Aburtheilung gelangenden strafbaren Handlungen auf die dem Schuldigen durch das frühere Erkenntniß zuerkannte Strafe angemessene Rücksicht zu nehmen.

§ 6. Druckschriften, welche gegen die Vorschriften des Preßgeſetzes ausgegeben oder verbreitet werden, oder welche ihres Inhaltes wegen im öffentlichen Intereſſe zu verfolgen ſind, können von der Sicherheitsbehörde unmittelbar oder auf Veranlaſſung des Staatsanwaltes mit Beſchlag belegt werden.

In allen anderen Fällen kann der Beſchlag nur von dem Gerichte über eine Klage und den darin geſtellten Antrag des Privatanklägers angeordnet werden.

Gegen die Verfügung einer vorläufigen Beſchlagnahme findet keine abgeſonderte Beſchwerde ſtatt.

Die von der Sicherheitsbehörde unmittelbar oder auf Veranlaſſung des Staatsanwaltes vorgenommene Beſchlagnahme iſt dem Staatsanwalte desjenigen Ortes, wo das zum Strafrichteramte berufene Gericht ſeinen Sitz hat, binnen vierundzwanzig Stunden unter Anſchluß eines Exemplares der Druckſchrift anzuzeigen.

§ 7. Hat der Staatsanwalt die Beſchlagnahme einer Druckſchrift veranlaßt, ſo hat er binnen drei Tagen, vom Zeitpunkte des ihm angezeigten Vollzuges, bei dem zur Strafamtshandlung berufenen Gerichte um die Beſtätigung der Beſchlagnahme einzuſchreiten.

In jenen Fällen, in welchen die Sicherheitsbehörde die Beſchlagnahme unmittelbar verfügt, hat der Staatsanwalt binnen drei Tagen, vom Tage der erhaltenen Anzeige, entweder die Aufhebung der Beſchlagnahme durch die Sicherheitsbehörde oder die Beſtätigung derſelben, wie im vorhergehenden Falle, zu veranlaſſen.

§ 8. Das Gericht hat binnen drei Tagen die Beſtätigung oder Aufhebung der Beſchlagnahme auszuſprechen. Erfolgt die Beſtätigung derſelben binnen acht Tagen nach deren Vornahme nicht, ſo iſt auf Verlangen der Partei, wenn nicht eine von dem Staatsanwalte gegen die Verweigerung der Beſtätigung eingebrachte Beſchwerde ſich noch im Zuge befindet, von der Sicherheitsbehörde die Aufhebung der Beſchlagnahme ſogleich zu verfügen.

Die beſtätigte Beſchlagnahme bleibt zur endgültigen Entſcheidung in der Hauptſache wirkſam.

6

Die Erlöschung oder Aufhebung des Beschlages hindert jedoch nicht die weitere strafgerichtliche Verfolgung.

§ 9. Innerhalb acht Tagen nach erfolgter Bestätigung der Beschlagnahme hat der Staatsanwalt, inwieferne dies nicht schon geschehen ist, entweder den Antrag auf Führung einer gerichtlichen Voruntersuchung zu stellen, oder seine Anklage= schrift gemäß § 11 zu überreichen, widrigenfalls die Be= schlagnahme auf Verlangen der Partei aufzuheben ist.

§ 10. Im Falle der Erlöschung oder Aufhebung einer von der Sicherheitsbehörde unmittelbar oder auf Veranlassung des Staatsanwaltes vorgenommenen Beschlagnahme gebührt dem durch den Beschlag Beschädigten der Ersatz des erweis= lichen Schadens aus der Staatskasse, jedoch im Falle der ausdrücklichen Aufhebung nur dann, wenn hierbei die Be= schlagnahme als weder durch den Inhalt der Druckschrift, noch durch eine Außerachtlassung der in dem Preßgesetze enthaltenen Vorschriften gerechtfertigt erkannt wird. Dieser Ersatz ist bei sonstigem Verluste innerhalb der nächsten vierzehn Tage bei dem Preßgerichte zu liquidiren.

Das Preßgericht hat hierüber nach vorläufiger Ver= nehmung des Staatsanwaltes unter Vorbehalt der binnen acht Tagen zu überreichenden Beschwerde zu entscheiden.

§ 11. Findet der Staatsanwalt oder Privatankläger in einer Druckschrift nur den Thatbestand eines Vergehens oder einer Uebertretung, so kann er sich selbst die nöthigen Behelfe verschaffen oder gerichtlich erheben lassen.

In diesen Fällen hat der Staatsanwalt oder Privat= ankläger, wenn er eine Anklage für begründet hält, seine Anklageschrift bei dem zuständigen Gerichtshofe zu überreichen und derselben die zur Zustellung an die Angeklagten erforder= liche Zahl von Ausfertigungen beizuschließen.

In der Anklageschrift sind Name und Wohnort jedes Beschuldigten, dann der strafbare Thatbestand mit deutlicher Bezeichnung der bezüglichen Stellen der Druckschrift und der Gesetze, worauf sich die Anklage gründet, endlich Namen und Wohnort der Zeugen und Sachverständigen, sowie jene Akten= stücke anzuführen, auf welche die Beweisführung gestützt werden will.

§ 12. Der Gerichtshof hat hierüber bloß seine Zuständigkeit in Erwägung zu ziehen, und wenn er diese für begründet hält, auszusprechen, daß die Hauptverhandlung anzuordnen sei.

Der Tag der Hauptverhandlung wird sohin von dem mit der Leitung derselben betrauten Vorsitzenden bestimmt, welcher dazu jeden Angeklagten unter Zustellung eines Exemplares der Anklageschrift in der Art vorzuladen hat, daß demselben bis zur Hauptverhandlung eine Frist von mindestens acht Tagen zu statten kommt.

Glaubt der Angeklagte, daß zu seiner Vertheidigung noch irgend ein Thatumstand zu erheben, oder daß außer den von dem Gerichte zur Hauptverhandlung vorgeladenen Zeugen und Sachverständigen die Vernehmung noch anderer Personen oder neuer Sachverständigen nothwendig sei, so hat er sein Begehren mit Bezeichnung der Namen und Wohnorte der Zeugen und der Umstände, um deren Aufklärung es sich handelt, dem Gerichte spätestens vierundzwanzig Stunden vor dem Tage der Hauptverhandlung bekannt zu geben. Das Gericht hat nach Vernehmung des Anklägers hierüber und über die etwa bei dieser Gelegenheit auch von dem letzteren gestellten Anträge um Vorladung noch anderer Zeugen und Sachverständigen zu entscheiden, und wenn es nothwendig sein sollte, die Hauptverhandlung bis nach Beendigung der angeordneten Erhebungen zu vertagen.

Beschwerden gegen die Nichtbewilligung solcher von dem einen oder dem anderen Theile angesuchten Erhebungen können nur mit der Berufung gegen die Entscheidung über die Hauptverhandlung verbunden werden.

Hat der Gerichtshof die Anordnung der Hauptverhandlung verweigert, so steht dagegen dem Staatsanwalte oder dem Privatankläger die binnen drei Tagen einzubringende Beschwerde an das Oberlandesgericht zu.

§ 13. Die Verhandlung vor dem erkennenden Richter ist öffentlich und mündlich. Als Zuhörer werden nur erwachsene Personen männlichen Geschlechtes zugelassen. Bewaffneten ist der Eintritt in den Gerichtssaal nicht gestattet.

Die Oeffentlichkeit kann aus Rücksicht der Sittlichkeit oder öffentlichen Sicherheit ausgeschlossen werden.

§ 14. Der Staatsanwalt führt vor dem Bezirksgerichte wie vor dem Gerichtshofe die Anklage.

Der Ankläger kann die Anklage vor der Hauptver= handlung gegen Vergütung der Kosten, während derselben aber nur mit Zustimmung der Angeklagten zurücknehmen. Hat der Staatsanwalt abgelassen, so ist der Ersatzanspruch wider die Staatskasse zu liquidiren.

§ 15. Wird in dem Inhalte der Druckschrift zwar der Thatbestand einer strafbaren Handlung erkannt, der Angeklagte aber demungeachtet losgesprochen, oder muß von dem Ver= fahren gegen denselben abgelassen werden, weil die Strafbar= keit der ihm zur Last gelegten Handlung durch Verjährung oder andere nachgefolgte Thatsachen erloschen ist, so hat das Gericht doch nach Maßgabe der Gesetze die gänzliche oder theilweise Vernichtung der für strafbar erklärten Druckschrift zu verfügen und das Verbot der weiteren Verbreitung der= selben auszusprechen.

§ 16. *) Der Staatsanwalt kann, auch wenn er gegen keine bestimmte Person eine Anklage erhebt, im öffentlichen Interesse begehren, daß das Gericht erkenne, ob der Inhalt einer im Aus = oder Inlande erschienenen Druckschrift ein Verbrechen oder Vergehen begründe. Hierüber erkennt das Preßgericht in nicht öffentlicher Sitzung nach Anhörung des Staatsanwaltes, ohne daß durch ein solches Erkenntniß dem etwa später gegen eine bestimmte Person einzuleitenden Straf= verfahren vorgegriffen wird.

Gegen die diesfällige Entscheidung des Preßgerichtes, welche im Falle der Verurtheilung am Sitze des Gerichtes öffentlich anzuschlagen und durch die ämtliche Zeitung kund= zumachen ist, kann von jedem Betheiligten binnen acht Tagen nach der Kundmachung die Berufung angemeldet werden.

§ 17. Soweit dieses Gesetz nicht etwas anderes ver= fügt, gelten auch für Preßprozesse die Vorschriften der all= gemeinen Strafprozeßordnung.

---

*) Wird aufgehoben. Neue Bestimmung vom 15. Oct. 1868.

§ 18. Die Vorschriften dieses Gesetzes über das Verfahren sind auch auf bereits anhängige Untersuchungen in Preßsachen anzuwenden, wenn nicht zur Zeit, als dieses Gesetz in Wirksamkeit tritt, wenigstens gegen einen der Beschuldigten wegen einer durch die Presse verübten strafbaren Handlung ein rechtskräftiger Anklagebeschluß vorliegt.

§ 19. Bezüglich der strafgerichtlichen Verfolgung in Preßsachen gegen Militärpersonen bleiben, soweit es den Gerichtsstand und das gerichtliche Verfahren betrifft, die Militärgesetze in Anwendung.

§ 20. Das Staatsministerium und die Ministerien der Justiz und Polizei sind mit dem Vollzuge dieses Gesetzes beauftragt.

Gesetz

vom 15. October 1868,

wodurch mehrere Bestimmungen des Preßgesetzes und des Gesetzes über das Strafverfahren in Preßsachen vom 17. Dezember 1862, Zahl 6 und 7 des Reichs-Gesetz-Blattes vom Jahre 1863, abgeändert werden.

Artikel I. Der § 12 des Preßgesetzes hat zu lauten:
Verantwortlicher Redakteur einer periodischen Druckschrift kann nur ein österreichischer Staatsbürger sein, welcher eigenberechtigt ist und am Orte ihres Erscheinens seinen Wohnsitz hat.

Gesetzlich unfähig zur Führung der verantwortlichen Redaktion einer periodischen Druckschrift sind jene, welche durch das Gemeindegesetz wegen begangener strafbarer Handlungen von der Wählbarkeit für die Gemeindevertretung ausgeschlossen sind.

Die wegen eines Verbrechens in Untersuchung gezogenen Personen sind nur während der Dauer der gerichtlichen Verwahrung oder der Untersuchungshaft zur Führung der ver-

antwortlichen Redaktion einer periodischen Druckschrift gesetz=
lich unfähig.

Artikel II. Die §§ 19 und 21 des Preßgesetzes haben
in folgender Weise zu lauten:

§ 19. In eine periodische Druckschrift muß jede Be=
richtigung der darin mitgetheilten Thatsachen auf Verlangen
einer Behörde oder betheiligten Privatperson in das nach ge=
stelltem Begehren zunächst erscheinende oder zweitfolgende
Blatt oder Heft, und zwar sowohl bezüglich des Ortes der
Einreihung, als auch bezüglich der Schrift (Lettern) ganz in
derselben Weise aufgenommen werden, in welcher der zu be=
richtigende Artikel zum Abdrucke gebracht war.

Amtliche Berichtigungen sind stets, jene von Privat=
personen nur insoferne unentgeltlich aufzunehmen, als der
Umfang derselben das zweifache Maß des Artikels, gegen den
sie gerichtet sind, nicht übersteigt; im entgegengesetzten Falle
sind für das Mehr die üblichen Einrückungsgebühren zu ent=
richten.

Ueber das Begehren um Aufnahme einer Berichtigung
ist auf Verlangen eine Bescheinigung auszustellen

§ 21. Die grundlose Weigerung des verantwortlichen
Redakteurs, einen in Gemäßheit der Bestimmungen der §§ 19
und 20 des Preßgesetzes zur Aufnahme mitgetheilten Aufsatz
in der gesetzlich vorgeschriebenen Art und Zeit abdrucken zu
lassen, ist als eine Uebertretung mit einer Geldstrafe von
zwanzig bis zweihundert Gulden zu belegen.

Der Richter hat über das diesfällige Begehren ohne
Verzug, wo möglich binnen vierundzwanzig Stunden, zu er=
kennen. Ein gegen den Theil des Erkenntnisses, welcher die
Verpflichtung zur Aufnahme ausspricht, ergriffenes Rechts=
mittel hat keine aufschiebende Wirkung. Auch hat das Gericht
die Einstellung der Druckschrift bis zur Erfüllung der Ver=
pflichtung zu verfügen.

Artikel III. Die §§ 29 bis 33 des Preßgesetzes werden
aufgehoben; an ihre Stelle treten nachfolgende Bestimmungen:

1. Der Redakteur einer periodischen Druckschrift, deren
Inhalt den Thatbestand eines Verbrechens oder Vergehens
begründet, ist, wenngleich ihm dieses Verbrechen oder Ver=

gehen nach den allgemeinen Grundsätzen des Strafgesetzes nicht zugerechnet werden kann, dennoch für die Vernachlässigung jener Aufmerksamkeit verantwortlich, bei deren pflichtmäßiger Anwendung die Aufnahme des strafbaren Inhaltes der Druckschrift unterblieben wäre.

Von dieser Verantwortlichkeit wird er weder durch die Beifügung allgemeiner oder besonderer Verwahrungen, noch auch durch die Erklärung eines Anderen, daß er die Verantwortung allein übernehmen wolle, befreit.

2. Der Verleger einer nicht periodischen Druckschrift strafbaren Inhaltes ist wegen der Vernachlässigung pflichtmäßiger Aufmerksamkeit verantwortlich, wenn derselbe bei seiner ersten gerichtlichen Vernehmung nicht vermag, einen Verfasser oder Herausgeber zu nennen und nachzuweisen, welcher zur Zeit der Uebernahme der Druckschrift in den Verlag in dem Bereiche jener Länder seinen bleibenden Aufenthalt hatte, für welche dieses Preßgesetz gilt.

3. Der Drucker einer Schrift strafbaren Inhaltes ist für die Vernachlässigung pflichtmäßiger Aufmerksamkeit verantwortlich, wenn bei der Drucklegung die Vorschriften der §§ 9 und 17 des Preßgesetzes nicht beobachtet wurden; der Verbreiter aber dann, wenn die Verbreitung auf eine durch das Gesetz untersagte Weise geschah (§ 23), wenn von ihm eine Druckschrift ungeachtet des durch richterliches Erkenntniß ausgesprochenen, gehörig kundgemachten Verbotes, oder wenn wissentlich eine mit Beschlag belegte Druckschrift weiter verbreitet wurde, wenn auf der Schrift die Angabe des Ortes des Erscheinens gänzlich fehlt, oder weder der Verfasser noch ein gewerbsmäßiger Verleger angegeben ist, oder die Unrichtigkeit dieser Angaben erkennbar war, endlich dann, wenn im Auslande erschienene und hier verbreitete Schriften durch ihren Titel oder durch ihren Gegenstand, bildliche Darstellungen, oder durch die Art der Zusendung die Aufmerksamkeit zu erregen geeignet waren.

4. Die Verantwortlichkeit für die Vernachlässigung pflichtmäßiger Aufmerksamkeit im Sinne obiger Bestimmungen tritt erst in jenem Zeitpunkte ein, in welchem die Verbreitung der Druckschrift (§ 6 des Preßgesetzes) begonnen hat.

5. Die Personen, welchen bezüglich einer Druckschrift im Sinne der obigen Bestimmungen die Vernachlässigung pflicht= mäßiger Aufmerksamkeit zur Last fällt, machen sich einer Uebertretung schuldig, und sind, wenn der Inhalt einer Druck= schrift den Thatbestand eines Verbrechens begründet, mit Arrest von einem bis zu sechs Monaten, und im Falle der= selbe ein Vergehen darstellt, mit einer Geldstrafe von zwanzig bis zweihundert Gulden zu belegen.

Artikel IV. Der § 38 des Preßgesetzes wird aufgehoben.

Artikel V. Der § 16 des Gesetzes über das Straf= verfahren in Preßsachen wird aufgehoben, und tritt an dessen Stelle nachfolgende Bestimmung:

Der Staatsanwalt kann, wenn er gegen keine bestimmte Person eine Anklage erhebt, dennoch im öffentlichen Interesse begehren, daß das Gericht wegen eines durch den Inhalt einer im Auslande oder im Inlande erschienenen Druckschrift be= gründeten Verbrechens oder Vergehens das Verbot der weiteren Verbreitung der Druckschrift ausspreche.

Das Preßgericht entscheidet über diesen Antrag in nicht öffentlicher Sitzung nach Anhörung des Staatsanwaltes. Er= kennt das Preßgericht auf das Verbot der Druckschrift, so ist seine Entscheidung am Sitze des Gerichtes anzuschlagen und auch durch die amtliche Zeitung kund zu machen.

Jeder Betheiligte kann gegen das Verbot binnen acht Tagen nach der Kundmachung desselben Einspruch erheben, über welchen das Preßgericht in öffentlicher Sitzung (§ 13) nach Anhörung des Staatsanwaltes und des den Einspruch Erhebenden zu entscheiden hat.

Gegen diese Entscheidung des Preßgerichtes stehen die gegen Endurtheile im Verfahren wegen Verbrechen oder Ver= gehen eingeräumten Rechtsmittel offen.

Eine auf Grund der Vorschrift dieses Artikels ergangene gerichtliche Entscheidung kann in keinem gegen eine bestimmte Person geführten Strafprozeß zu deren Nachtheil geltend gemacht werden.

Gesetz zum Schutze des litterarischen und artistischen Eigenthumes.

Patent vom 19. Oktober 1846, Nr. 992 J. G. S.

(Aufgenommen in den Anhang zum a. b. G. B. für Ungarn ꝛc. Nr. 72, für Siebenbürgen Nr. 63; kundgemacht für Krakau mit Min. Vbg. vom 3. September 1855, Nr. 154 R. G. B.; für das K. K. Militär adoptirt durch Kriegs-Min. Vbg. v. 18. August 1849, Nr. 44 Mil. G. S.)

§ 1. Die litterarischen Erzeugnisse und die Werke der Kunst bilden ein Eigenthum ihres Urhebers (Autors), d. i. desjenigen, welcher sie ursprünglich verfaßt oder verfertiget hat. Dem Urheber wird, soferne nicht besondere Verträge entgegenstehen, in Beziehung auf den durch dieses Gesetz gewährten Schutz gleichgehalten: a) der Besteller eines Werkes, welcher dessen Bearbeitung und Ausführung nach einem gegebenen Plane und auf seine Kosten an einen anderen übertragen hat; b) der Herausgeber oder Unternehmer eines Werkes, welches durch die Lieferung selbständiger Beiträge mehrerer Mitarbeiter gebildet wird; c) der Herausgeber eines anonymen oder pseudonymen Werkes (§ 14 a. b).

§ 2. Dem Urheber eines litterarischen oder Kunstwerkes steht unter den in dem gegenwärtigen Gesetze festgesetzten Bedingungen ausschließend das Recht zu, mit seinem Erzeugnisse nach Willkür zu verfügen, dasselbe in beliebiger Form zu vervielfältigen und zu veröffentlichen. Er kann dieses Recht auch ganz oder theilweise an Andere übertragen.

§ 3. Jede ohne Genehmigung des Urhebers oder seines Rechtsnachfolgers auf mechanischem Wege unternommene Vervielfältigung eines mit Beobachtung der gesetzlichen Bedingungen und Förmlichkeiten erschienenen litterarischen Werkes wird als verbotener Nachdruck erklärt und zwar ohne Unterschied, ob hiebei das nämliche oder ein anderes Verfahren als bei der Erzeugung des Originalwerkes angewendet worden ist. Dieses Verbot der Vervielfältigung auf mechanischem Wege gilt auch von den Werken der Kunst. Als Originalwerk wird außer dem ursprünglichen Erzeugnisse der Wissenschaft oder Kunst auch jeder davon gemachte Abdruck und jebe Nachbildung behandelt, welche der Urheber oder sein Rechtsnachfolger zufolge des ihm zukommenden Autorrechts (§ 1) veranstaltet hat. Ausnahmen von den obigen Bestimmungen dieses Paragraphen enthalten die nachfolgenden §§ 5—9.

§ 4. Dem verbotenen Nachdruck werden gleichgeachtet: a) Der ohne Genehmigung des Urhebers oder seines Rechtsnachfolgers unternommene Abbruck von Manuskripten aller Art, sowie b) von gehaltenen Vorträgen zum Zwecke der Erbauung, der Belehrung oder des Vergnügens. In beiden Fällen (a und b) muß die Genehmigung auch dann nachgewiesen werden, wenn der Unternehmer rechtsmäßiger Besitzer der Originalhandschrift, einer Abschrift oder Nachschrift ist. Uebrigens gilt, was oben ad a) von Manuskripten gesagt wurde, auch von geographischen und topographischen Karten, von naturwissenschaftlichen, architektonischen und ähnlichen Zeichnungen, Abbildungen u. s. w., welche nach ihrem Zwecke nicht als selbständige Kunstwerke zu betrachten, sondern zur Versinnlichung von wissenschaftlichen Gegenständen bestimmt sind. c) Auszüge aus dem Werke eines anderen Autors mit oder ohne Veränderungen, wenn sie als besondere Schriften mit dem Titel des Originalwerkes oder ohne denselben erscheinen. d) Veränderungen in den Zugaben eines Werkes, namentlich die Hinzufügung, Weglassung oder Abänderung von Anmerkungen, Abbildungen, Karten, Registern u. s. w., entziehen den Abbruck eines Werkes oder eines Auszuges aus demselben dem Nachdrucksverbote nicht. e) Von zwei unter den nämlichen oder auch unter verschiedenen Titeln vorkommenden Werken, welche denselben Gegenstand in der nämlichen Ordnung und Eintheilung behandeln, ist das später erschienene dann als verbotener Nachdruck zu betrachten, wenn nicht die darin wahrgenommene Vermehrung oder sonstige Veränderung des Inhaltes für so wesentlich und überwiegend erkannt wird, daß es als ein neues sebständiges Geistesprodukt erkannt werden muß.

§ 5. Dagegen ist als Nachdruck nicht anzusehen, somit gestattet: a) das wörtliche Anführen einzelner Stellen aus bereits veröffentlichten Werken; b) die Aufnahme einzelner, einem größeren Werke, einer Zeitschrift oder sonst einem periodischen Blatte entnommener Aufsätze, Gedichte u. s. w. in ein nach seinem Hauptinhalte neues, selbständiges, insbesondere kritisches und litterar-historisches Werk oder in eine zu einem eigenthümlichen litterarischen Zwecke, sowie zum Kirchen-, Schul- und Unterrichtsgebrauche bearbeitete Sammlung von Auszügen aus den Werken mehrerer Schriftsteller, oder endlich in Zeitschriften und periodische Blätter; nur muß die Originalquelle ausdrücklich angegeben werden, und es darf der entlehnte Aufsatz weder einen Druckbogen des Werkes, welchem er entnommen ist, überschreiten, noch als selbständige Flugschrift ausgegeben werden; ebenso bei Zeitschriften und sonstigen periodischen Blättern im Laufe eines Jahrganges zusammen genommen nicht mehr als zwei Druckbogen ausmachen; die eigentlichen politischen Zeitungen sind bloß an die Bedingung gebunden, die Quelle, aus welcher ein Artikel entlehnt ist, namhaft zu machen; c) die Uebersetzung eines erschienenen litterarischen Werkes, und zwar ohne Unterschied der Sprache, jedoch den Fall ausgenommen, wenn der Berechtigte (§ 1) sich die Befugniß zur Veranstaltung einer Uebersetzung im Allgemeinen oder in einer bestimmten Sprache auf dem Titelblatte oder in der Vorrede des Originalwerkes ausdrücklich vorbehalten hat, wo sodann jede innerhalb eines Jahres vom Erscheinen des Originalwerkes ohne Einwilligung des Autors desselben oder seiner Rechtsnachfolger veröffentlichte Uebersetzung als verbotener Nachdruck zu behandeln ist. Hat der Autor das Werk zugleich in mehreren Sprachen erscheinen lassen, so wird jede dieser Ausgaben zugleich als Original behandelt. Jede rechtmäßig erschienene Uebersetzung wird gegen Nachdruck geschützt und von mehreren Uebersetzungen die später erschienene als Nachdruck angesehen, wenn sie sich von der früheren gar nicht, oder nur durch unerhebliche Abänderungen unterscheidet; d) der für ein späteres Werk benützte unveränderte Titel eines früher veröffentlichten, von einem anderen Autor verfaßten Werkes. Doch kann die Wahl eines gleichen Titels in dem Falle, wenn er zur Bezeichnung des besonderen Gegenstandes nicht unumgänglich nothwendig und überdies zur Irreführung des

Publikums über die Identität des Werkes geeignet ist, dem hiedurch Beeinträchtigten einen Anspruch auf Entschädigung begründen. Hierüber hat, wenn keine gesetzwidrige Absicht unterlaufen ist, der Civilrichter zu entscheiden.

§ 6. Bezüglich der musikalischen Kompositionen wird der ohne Genehmigung des Tonsetzers oder seines Rechtsnachfolgers veranstaltete Abdruck von Manuskripten ebenfalls dem verbotenen Nachdrucke gleichgeachtet. Dagegen ist als verbotener Nachdruck oder Nachstich nicht anzusehen, somit gestattet: a) die Aufnahme einzelner Themata musikalischer Kompositionen in periodisch erscheinende Werke; b) die Benützung einer Tondichtung zu Variationen, Phantasien, Etüden, Potpourris ꝛc. ꝛc., welche als selbständige Geistes=produkte angesehen werden; c) das Arrangement oder die Einrichtung eines Tonstückes für andere oder weniger Instrumente, als es ursprünglich gesetzt ist. Hat sich aber der Tondichter das Vorrecht der Herausgabe eines Arrangements im Allgemeinen oder doch für bestimmte Instrumente auf dem Titelblatte seines veröffentlichten Werkes ausdrücklich vor=behalten, so ist jedes vor Ablauf eines Jahres nach dem Er=scheinungsjahre der Originalkomposition ohne Einwilligung des Tonsetzers oder seiner Rechtsnachfolger veröffentlichte Arran=gement als verbotener Nachdruck zu behandeln; d) wird für ein späteres musikalisches oder dramatisches Werk der un=veränderte Titel eines früher veröffentlichten Werkes der=selben Gattung benützt, so findet die Bestimmung des § 5 ad 4 ihre Anwendung.

§ 7. Der zu einem musikalischen Werke gehörige Text des Gesanges wird als Beigabe der Komposition betrachtet, daher ihn der Tonsetzer, wenn nicht durch Vertrag etwas anderes bestimmt worden ist, mit der Komposition abdrucken lassen kann. Zum Abdruck des Textes ohne Musik ist die Einwilligung des Dichters erforderlich; sie wird aber, wenn das musikalische Werk zur öffentlichen Aufführung bestimmt ist, in der Art vorausgesetzt, daß derjenige, welcher die Be=rechtigung zur Aufführung erlangt hat, auch den Text zum Behufe der Benützung bei der Aufführung des Tonwerkes mit Andeutung dieser Bestimmung drucken lassen darf.

§ 8. Zu dem ausschließenden Rechte des Urhebers eines musikalischen oder dramatischen Werkes (§ 2) gehört auch jenes der öffentlichen Aufführung (Probuktion) und es ist diese vor Ablauf der gesetzlichen Schutzfrist (§§ 22 und 23) sowohl im Ganzen als mit Abkürzungen oder unwesentlichen Abänderungen ohne Einwilligung des Autors oder seiner Rechtsnachfolger insolange verboten, als das Werk nicht durch den Druck oder Stich veröffentlicht worden ist. Als eine solche Veröffentlichung ist nicht anzusehen, wenn der Autor einzelne in Druck gelegte Exemplare als Manuskript ausgibt und dies ausdrücklich auf den Exemplaren ersichtlich ist. Die vom Autor erhaltene Befugniß zur Aufführung berechtigt auch, wenn keine Beschränkung vorbehalten wurde, zur beliebigen Wiederholung derselben. Aus mehreren gemeinschaftlichen Verfassern eines dramatischen Werkes wird im Zweifel jeder für berechtigt gehalten, die Aufführung zu gestatten.

§ 9. Bei Zeichnungen, Gemälden, Kupfer=, Stahl= und Steinstichen, Holzschnitten und anderen Werken der zeichnenden Kunst, sowie bei plastischen Kunstwerken ist als verbotene Nachbildung nicht anzusehen: a) wenn die Nachbildung jeder Art sich von dem Originale nicht bloß in Material, in der Form oder der Größe, sondern durch solche wesentliche Veränderungen in der Darstellung unterscheidet, vermöge welcher sie als ein selbständiges Kunsterzeugniß betrachtet werden kann; b) wenn ein Kunstwerk als Muster für die zu einem wirklichen materiellen Gebrauch dienenden Erzeugnisse der Manufakturen, Fabriken und Handwerke benützt worden ist; c) wenn ein durch die Presse veröffentlichtes Produkt der zeichnenden Kunst in plastischer Form dargestellt wird, oder d) wenn ein nicht blos zur Beschauung, sondern zu einem wirklichen materiellen Gebrauche bestimmtes oder ein nur zur Verzierung eines Gewerbsproduktes dienendes Erzeugniß der Plastik durch die zeichnende Kunst mit oder ohne Farben nachgebildet wird.

§ 10. Um jedoch in denjenigen Fällen, in welchen die Bestimmungen des vorhergehenden Paragraphen nicht entgegenstehen, von dem ausschließenden Rechte der Nachbildung unb Vervielfältigung Gebrauch zu machen, muß der Urheber eines vollendeten Kunstwerkes oder sein Rechtsnachfolger sich bei der Veröffentlichung desselben das Recht zu dessen Vervielfältigung ausdrücklich vorbehalten, unb diesen Vorbehalt innerhalb eines Zeitraumes von zwei Jahren nach Ablauf des Erscheinungsjahres in Ausführung bringen, widrigens jede Nachbildung des Kunstwerkes unbeschränkt erlaubt ist.

§ 11. Durch die Abtretung des Rechtes der Vervielfältigung eines Werkes der zeichnenden oder plastischen Kunst verliert zwar der Urheber oder sein Rechtsnachfolger das Eigenthum an dem Originale nicht; wird jedoch das Original-Kunstwerk Eigenthum eines Anderen, so übergehet, wenn nicht das Gegentheil bedungen wurde, das ausschließende Recht, die Vervielfältigung zu veranlassen oder zu gestatten, zugleich auf den Erwerber.

§ 12. Der Handel (Debit) mit Erzeugnissen eines kraft des gegenwärtigen Gesetzes verbotenen, im In= oder Auslande veranstalteten Nachdruckes unb jeder anderen demselben gleichgeachteten Vervielfältigung wird gleichfalls als verboten erklärt, er mag von Buch=, Kunst= und Musikalien-händlern, Buchdruckern, Verlegern oder von wem immer, der sich denselben zum Geschäfte macht, unternommen worden sein.

§ 13. Das dem Urheber eines litterarischen oder artistischen Werkes durch das gegenwärtige Gesetz eingeräumte ausschließende Recht der Veröffentlichung, Nachbildung unb Vervielfältigung desselben (Verlagsrecht) erstreckt sich in der Regel nicht bloß auf seine ganze Lebenszeit, sondern kommt auch demjenigen, welchem es von ihm übertragen worden ist, oder wenn er nicht anders darüber verfügt hätte, seinen Erben unb deren Rechtsnachfolgern noch auf die Dauer von dreißig Jahren nach seinem Tode zu. Das Todesjahr des Autors wird nicht mitgezählt. Ein Heimfallsrecht des Fiskus oder anderer Personen findet nicht statt.

§ 14. Ein gleicher Schutz in der Dauer von dreißig Jahren unb zwar vom Ablaufe desjenigen zu rechnen, in welchem das Werk zuerst erschienen ist, wird zugestanden: a) jenen Werken, bei welchen auf dem Titelblatte oder unter der Zueignung (Dedication) oder am Schlusse der Vorrede der Name des Urhebers nicht ersichtlich ist (anonyme Werke); b) den unter einem andern als dem wahren Namen des Autors erschienenen (pseudonymen) Werken; jedoch wird hier sowie im vorhergehenden Absatze vorausgesetzt, daß nicht auf dem Titelblatte, unter der Zueignung oder am Schlusse der Vorrede der Herausgeber, Unternehmer, Besteller (§ 1) genannt ist, welcher in das volle Recht eines Urhebers tritt. Uebrigens steht die Wahrnehmung des Rechtes des anonymen oder pseudonymen Autors dem Verleger des Werkes als Stellvertreter zu; c) einem von mehreren genannten Urhebern verfaßten Werke, wenn nicht ein Herausgeber auf die im vorstehenden Paragraphsabsatze bestimmte Weise ersichtlich ist; d) den erst nach dem Tode des Urhebers zur Veröffentlichung gelangenden (posthumen) Werken, sowie endlich e) der von den Erben oder sonstigen Rechtsnachfolgern des Urhebers veranstalteten Fortsetzung einer von dem letzteren begonnenen Ausgabe seines Werkes.

§ 15. Bei den von Akademien, Universitäten und anderen unter dem besonderen Schutze des Staates stehenden wissenschaftlichen oder artistischen Instituten und Vereinen herausgegebenen Werken erstreckt sich der gesetzliche Schutz gegen Nachdruck und Vervielfältigung auf die verlängerte Dauer von fünfzig Jahren. Bei Werken von anderen Gesellschaften und Vereinen tritt die Schutzfrist des vorhergehenden Paragraphen ein. Veranstaltet der Verfasser eines zu einem solchen Werke gelieferten Beitrages eine für sich bestehende, vermehrte oder verbesserte Ausgabe dieser seiner Arbeit, so gilt dafür im § 13 bestimmte Schutzfrist.

§ 16. Bei Werken von mehreren Bänden oder solchen, welche heftweise oder sonst in Lieferungen erscheinen, wird insofern die verschiedenen Abtheilungen zusammen als ein Ganzes betrachtet werden können, die in den §§ 13—15 bestimmte Schutzfrist für das ganze Werk vom Erscheinen des letzten Bandes oder der letzten Lieferung gerechnet. Nur wenn zwischen der Herausgabe einzelner Abtheilungen ein Zeitraum von wenigstens drei Jahren verflossen wäre, sind die vorher erschienenen Bände, Hefte u. s. w., als ein für sich bestehendes Werk und ebenso die nach Ablauf der drei Jahre erscheinenden weiteren Fortsetzungen als ein neues Werk zu behandeln. Bei fortlaufenden Sammlungen von Werken, Abhandlungen u. s. w. über verschiedene Gegenstände, wird jedes einzelne Werk, es bestehe aus einem oder mehreren Bänden, Heften u. s. w., als ein Ganzes für sich betrachtet.

§ 17. In besonders rücksichtswürdigen Fällen, dann zu Gunsten von Urhebern, Herausgebern oder Verlegern großer, mit bedeutenden Vorauslagen verbundener Werke der Wissenschaft und Kunst können die im gegenwärtigen Gesetze dem Urheber, dessen Erben oder sonstigen Rechtsnachfolgern zugestandenen Schutzfristen von der Staatsverwaltung in Form eines Privilegiums auch noch über die gesetzliche Dauer auf eine weitere bestimmte Anzahl von Jahren erstreckt werden. Dieses Privilegium muß jedoch schon vor Beendigung der Herausgabe des Werkes erwirkt und dessen Dauer auf dem Titelblatte ersichtlich, oder wo dies nach der Natur des Gegenstandes nicht stattfinden kann, durch die öffentlichen Zeitungsblätter der Provinz, wo das Werk erscheint, bekannt gemacht werden.

§ 18. Die von der Staatsverwaltung unmittelbar aus-gegangenen Akte genießen nach ihrer Veröffentlichung den Schutz des Nachdrucksverbotes insolange, als dieses von der Staatsverwaltung nicht aufgehoben wird. Eine gleiche Fort-dauer des Schutzes über die gesetzliche Frist hinaus hat auch für jene Werke zu gelten, aus denen selbst ersichtlich ist, daß sie auf Befehl der Regierung und mit dem Vorbehalte dieses fortdauernden Schutzes erschienen sind.

Die Handhabung des Nachdrucksgesetzes steht keineswegs den Administrativ- oder Polizeibehörden im Wege von Polizei-maßregeln, sondern ausschließend den Gerichten und auch diesen nur auf Verlangen des Beschädigten zu. Die Polizeibehörden haben sich daher in Vorkommnissen der angegebenen Art jeder Präventiv-Amtshandlung zu enthalten und sich darauf zu beschränken, in Fällen, wo sie einen Nachdruck eines Verlags-artikels der Staatsdruckerei zu bemerken glauben, diese zur Wahrung ihrer Rechte davon in Kenntniß zu setzen (Pol. Min. Erl. v. 22. März 1860, Z. 1890).

§ 19. Nach Ablauf der gesetzlichen oder erweiterten Schutzfristen oder auch früher, wenn weder ein Erbe noch sonst ein Rechtsnachfolger des Urhebers mehr vorhanden wäre, dürfen die Werke der Litteratur und Kunst in beliebiger Form nachgedruckt und nachgebildet werden, doch bleibt vor dem Eintritte dieses Zeitpunktes jede frühere darauf abzielende Ankündigung untersagt.

§ 20. Die zweite Auflage oder Ausgabe (§ 1168 a. b. G. B.) eines Werkes genießt gleichen gesetzlichen Schutz gegen den Nachdruck, wie die erste, jedoch unbeschadet des Rechtes zum Nachdrucke der ersten Auflage, wenn von deren Erscheinen der gesetzliche Zeitraum verstrichen ist. Dasselbe gilt auch von allen weiteren Auflagen im Verhältnisse zu der vorhergehenden.

§ 22. Das ausschließende Recht zur Aufführung eines musikalischen oder dramatischen Werkes (§ 8) erstreckt sich nicht nur auf die ganze Lebenszeit des Autors, sondern kommt auch demjenigen, welchem es von demselben übertragen worden ist, oder wenn er nicht anders darüber verfügt hätte, seinen Erben und deren Rechtsnachfolgern noch bis zum Ablaufe von zehn Jahren nach dem Todesjahre des Urhebers zu.

§ 23. Ein gleicher Schutz in der Dauer von zehn Jahren, jedoch vom Tage der ersten öffentlichen Aufführung gerechnet, findet statt: a) wenn das betreffende Werk mehrere genannte Urheber hat; b) bei anonymen oder pseudonymen Werken ohne Unterschied, ob der wahre Namen des Verfassers oder Tonsetzers nach geschehener, wenngleich nur einmaliger öffentlicher Aufführung bekannt wird oder nicht; c) bei posthumen Werken, d. i. solchen, welche erst nach dem Tode des Urhebers von dessen Erben oder sonstigen Rechtsnachfolgern zur ersten Aufführung gebracht werden.

§ 27. Dem durch die verbotene Vervielfältigung beeinträchtigten Urheber eines Werkes, sowie dessen Erben und sonstigen Rechtsnachfolgern steht überdies das Recht auf Entschädigung zu, und es ist ihnen als solche der Werth der von der unbefugten Vervielfältigung abgängigen Exemplare im Verkaufspreise des Originals zuzuerkennen, ohne die Geltendmachung noch weiterer Entschädigungsansprüche auszuschließen. Läßt sich die Stärke der unbefugten Vervielfältigung nicht ermitteln, so ist die Zahl der davon abgängigen Exemplare nach Beschaffenheit der Umstände und mit Berücksichtigung des Befundes der Sachverständigen von der Behörde auf 25 bis 1000 zu bestimmen. Dieselbe Modalität der Ausmittelung des zu vergütenden Schadens findet in der Regel auch dann statt, wenn eine rechtmäßige Originalauflage des Werkes noch nicht veranstaltet worden (§ 4a und b) und das im 2. Absatze des § 29 vorbehaltene gütliche Einverständniß nicht zu stande gekommen ist.

§ 28. Dem Verleger eines Werkes gebührt die Entschädigung nach den Bestimmungen des vorhergehenden Paragraphen nur insofern, als die Zahl der durch verbotene Vervielfältigung erzeugten und abgängigen Exemplare jene der zur Veräußerung vorräthigen Exemplare des Originalwerkes nicht übersteigt. Die Entschädigung, welche hinsichtlich der Ueberzahl zu leisten ist, gebührt dem Urheber und dessen Rechtsnachfolgern. In jedem Falle hat der Verleger so viele Originalexemplare, als ihm selbst vergütet worden sind, dem Urheber unentgeltlich zu überlassen oder sich auf andere Weise darüber mit ihm auszugleichen. Uebrigens werden die gegenseitigen Rechte des Autors und Verlegers durch den Verlagsvertrag bestimmt.

§ 29. Die in Beschlag genommenen Exemplare und anderweitigen Gegenstände (§ 25) unterliegen, wenn sie nicht von dem Beschädigten auf Abrechnung der ihm gebührenden Entschädigung, jedoch gegen Vergütung der von dem Nachdrucker auf ihre materielle Beischaffung nothwendig und erweislich verwendeten Auslagen übernommen werden, der Vertilgung, sobald das Erkenntniß in Rechtskraft erwachsen ist. Auch steht es dem Beschädigten frei, sich mit dem Nachdrucker in dem Falle, wenn vor Erscheinung einer rechtmäßigen Originalausgabe der Nachdruck eines Manuskriptes oder einer Nachschrift (§ 4 a und b) veranstaltet worden ist, auf ein Honorar einzuverstehen; hierdurch wird jedoch ein Verlagsvertrag begründet, welcher zwar die Konfiskation, nicht aber auch die Fortsetzung der begonnenen Untersuchung und die gesetzliche Strafe aufhebt.

§ 30. Wer mit den Erzeugnissen des Nachdruckes oder

einer demfelben gleichgeachteten Vervielfältigung wiffentlich
Handel treibt (§ 12), ift — zur Entfchädigung — zur un=
getheilten Hand mit demjenigen verpflichtet, welcher die un=
erlaubte Vervielfältigung veranftaltet hat. Die verfallenen
Exemplare werden vertilgt, fofern fie der Befchädigte nicht
auf Abrechnung an feiner Forderung übernehmen will.

§ 32. Dem durch die unbefugte Aufführung beeinträch=
tigten Autor oder deffen Rechtsnachfolger fteht der Anfpruch
auf volle Entfchädigung zu, als welche ihm der ganze ent=
weder mit Befchlag belegte oder nachträglich zu ermittelnde
Betrag der Einnahme von jeder Aufführung ohne Abzug der
auf diefelbe verwendeten Koften und ohne Unterfchied, ob das
Werk allein oder in Verbindung mit einem anderen zur
Aufführung kam, mit Vorbehalt der Geltendmachung etwa
noch höherer Entfchädigungsanfprüche zuzuerkennen ift.

§ 38. Der durch das gegenwärtige Gefetz gewährte
Schutz gegen den Nachdruck und jede andere unbefugte Ver=
vielfältigung auf mechanifchem Wege wird auch allen im Ge=
biete des deutfchen Bundes erfcheinenden litterarifchen und
artiftifchen Werken eingeräumt, nur muß, damit derfelbe in
Anfpruch genommen werden könne, nachgewiefen werden, daß
die in dem Bundesftaate, in welchem das Original erfchienen
ift, gefetzlich vorgefchriebenen Bedingungen und Förmlichkeiten
erfüllt worden find.

§ 39. Den im Auslande außer dem deutfchen Bundes=
gebiete erfchienenen Werken wird der in diefem Gefetze aus=
gefprochene Schutz in dem Maaße gewährt, als die diesfälligen
Rechte der in dem öfterreichifchen Gebiete erfchienenen Werke
durch die Gefetze des fremden Staates gleichfalls gefichert find.

Die weggelaffenen Beftimmungen des Patentes find theils
durch den Verlauf der Zeit, theils durch die Aufnahme des
Nachdruckes unter die Vergehen (§ 467 b. allg. und § 740
b. Mil. Str. G.) außer Wirkfamkeit getreten.

C. In der Schweiz.

Bundesgesetz,
betreffend das Urheberrecht an Werken der
Litteratur und Kunst.

Vom 23. April 1883.

Die Bundesversammlung der schweizerischen Eidgenossen=
schaft, in Ausführung des Art. 64 der Bundesverfassung,
nach Einsicht einer Botschaft des Bundesrathes vom 9. Dez. 1881,
beschließt:

Art. 1. Das Urheberrecht an Werken der Litteratur
und Kunst besteht in dem ausschließlichen Rechte, diese zu
vervielfältigen, beziehungsweise darzustellen.

Dieses Recht steht dem Urheber oder seinen Rechts=
nachfolgern zu.

Von dem Schriftsteller oder Künstler, der für Rechnung
eines anderen Schriftstellers oder Künstlers arbeitet, wird
angenommen, er habe diesem sein Urheberrecht abgetreten,
sofern nicht eine gegentheilige Vereinbarung vorliegt.

Das Urheberrecht begreift auch das Uebersetzungsrecht in sich.

Art. 2. Das Urheberrecht an Werken der Litteratur
und Kunst dauert während der ganzen Lebenszeit des Urhebers
und während eines Zeitraumes von dreißig Jahren vom
Tage seines Todes an.

Wenn es sich um ein nachgelassenes Werk oder ein
solches handelt, welches vom Bund, von einem Kanton, einer
juristischen Person oder einem Verein veröffentlicht wird, so
dauert das Urheberrecht dreißig Jahre vom Tage der Ver=
öffentlichung an.

Der Urheber, beziehungsweise dessen Rechtsnachfolger
wird in seinem ausschließlichen Uebersetzungsrechte nur geschützt,
wenn er von demselben während fünf Jahren nach dem
Erscheinen des Werkes in der Ursprache Gebrauch macht.

Uebersetzungen genießen gleich Originalwerken den Schutz
dieses Gesetzes gegen Nachdruck.

Art. 3. Nachgelassene und andere im Art. 2, Abs. 2,
genannte Werke sind längstens binnen drei Monaten nach

ihrer Veröffentlichung in ein vom schweizerischen Handels-
departement doppelt geführtes Register einzuschreiben.

Für andere Werke ist der Urheber zur Sicherung seines
Rechtes an keine Formalitäten gebunden, er kann aber
immerhin nach Belieben seine Werke auch in obbenanntes
Register einschreiben lassen.

Die Gebühr für die Einschreibung darf zwei Franken
für ein Werk nicht übersteigen.

Der Bundesrath wird zur Ausführung dieser Bestimmungen die nöthigen Vollzugsverfügungen erlassen.

Art. 4. Für die Rechtsverhältnisse zwischen Urheber
und Verleger litterarischer oder künstlerischer Werke ist das
Bundesgesetz über das Obligationenrecht maßgebend.

Art. 5. Sofern nicht gegentheilige Vereinbarungen vor-
liegen, hat der Erwerber eines Werkes der bildenden Künste
nicht das Recht, es vor Ablauf des im Art. 2, Absatz 1
und 2, vorgesehenen Zeitraumes vervielfältigen zu lassen.

Das Vervielfältigungsrecht gilt indessen als mitveräußert,
wenn es sich um ein bestelltes Porträt oder eine Porträt-
büste handelt.

Weder der Urheber eines Kunstwerkes, noch seine Rechtsnachfolger können behufs Ausübung ihres Vervielfältigungsrechtes den Eigenthümer des Werkes in seinem Besitze stören.

Art. 6. Sofern nicht gegentheilige Vereinbarungen vor-
liegen, ist der Erwerber von architektonischen Plänen berechtigt,
dieselben ausführen zu lassen.

Art. 7. Die Veräußerung des Veröffentlichungsrechtes
von dramatischen, musikalischen oder dramatisch-musikalischen
Werken schließt an sich nicht schon die Veräußerung des
Aufführungsrechtes in sich, noch umgekehrt.

Der Urheber eines solchen Werkes kann die öffentliche
Aufführung desselben an spezielle Bedingungen knüpfen, sofern
er diese an der Spitze des Werkes veröffentlicht.

Die Tantième soll jedoch den Betrag von 2°/₀ der
Bruttoeinnahme der betreffenden Aufführung nicht übersteigen.

Wenn die Bezahlung der Tantième gesichert ist, so kann
die Aufführung eines schon veröffentlichten Werkes nicht
verweigert werden.

Art. 8. Die Bestimmungen dieses Gesetzes finden auch Anwendung auf geographische, topographische, naturwissenschaftliche, architektonische, technische und ähnliche Zeichnungen und Abbildungen.

Art. 9. Erzeugnisse der Photographie und andere ähnliche Werke genießen die Vortheile dieses Gesetzes unter folgenden Bedingungen:

a. Das Werk muß nach Art. 3, Absatz 1, einregistrirt sein.

b. Die Dauer des Vervielfältigungsrechtes wird auf fünf Jahre festgesetzt, vom Tage der Einschreibung an gerechnet. Wenn es sich um die Vervielfältigung eines noch nicht zum Gemeingut gewordenen künstlerischen Werkes handelt, so richtet sich die Dauer des Vervielfältigungsrechtes nach der Vereinbarung zwischen dem Photographen und dem Berechtigten. In Ermangelung einer hierauf bezüglichen Vereinbarung bleibt die Dauer auf fünf Jahre bestimmt, nach deren Ablauf der Urheber des Kunstwerkes oder dessen Rechtsnachfolger wieder in alle ihm durch Art. 2 gewährten Rechte eintritt.

c. Wenn das Werk auf Bestellung ausgeführt worden ist, so steht dem Photographen das Vervielfältigungsrecht nicht zu, es sei denn, daß gegentheilige Vereinbarungen getroffen worden sind.

Die neue Originalaufnahme eines bereits photographirten Gegenstandes gilt nicht als Nachbildung.

Art. 10. Die Bestimmungen dieses Gesetzes finden Anwendung auf die in der Schweiz domizilirten Urheber für alle ihre Werke, gleichviel wo dieselben erscheinen oder veröffentlicht werden; sodann auf die nicht in der Schweiz domizilirten Urheber für diejenigen Werke, welche in der Schweiz erscheinen oder veröffentlicht werden.

Die in der Schweiz domizilirten Urheber genießen für diejenigen Werke, die im Auslande erscheinen oder veröffentlicht werden, die gleichen Rechte wie die Urheber der in der Schweiz erscheinenden Werke, sofern die letzteren in dem betreffenden Lande gleich behandelt werden wie die Urheber der daselbst erscheinenden Werke.

Art. 11. Eine Verletzung des Urheberrechtes wird nicht begangen:

A. an Werken der Litteratur:

1) durch Aufnahme von Auszügen oder ganzen Stücken aus belletristischen oder wissenschaftlichen Werken in Kritiken, litterarisch-historischen Werken und Sammlungen zum Schulgebrauche, sofern die benutzte Quelle angegeben wird;

2) durch die Vervielfältigung von Gesetzen, Beschlüssen und Verhandlungen der Behörden und von öffentlichen Verwaltungsgerichten;

3) durch die Veröffentlichung von Berichten über öffentliche Versammlungen;

4) durch den unter Quellenangabe erfolgenden Abdruck von Artikeln aus Tagesblättern und Zeitschriften, es sei denn, daß der Urheber in dem betreffenden Tagesblatt oder der Zeitschrift ausdrücklich den Abdruck verboten hat; für Artikel politischen Inhalts, welche in den Tagesblättern erschienen sind, ist ein solches Verbot unwirksam;

5) durch den Abdruck von Tagesneuigkeiten, selbst wenn die Quelle derselben nicht angegeben wird;

B. an Werken der bildenden Künste:

6) durch die theilweise Wiedergabe eines den bildenden Künsten angehörigen Werkes in einem für den Schulunterricht bestimmten Werke;

7) durch die Nachbildung von Kunstgegenständen, welche sich bleibend auf Straßen oder öffentlichen Plätzen befinden, vorausgesetzt, daß diese Nachbildung nicht in der Kunstform des Originals stattfindet;

8) durch die Aufnahme oder Ausführung von Plänen und Zeichnungen bereits erstellter Gebäude oder Theilen derselben, sofern diese letzteren nicht einen spezifisch künstlerischen Charakter haben;

C. an dramatischen und musikalischen Werken:

9) durch die Aufnahme bereits veröffentlichter, kleinerer musikalischer Kompositionen in ein speziell für die Schule

ober Kirche bestimmtes Sammelwerk, mit oder ohne Original=
text unter der Voraussetzung, daß die Quelle angegeben wird;

10) durch die Aufführung von dramatischen, musikalischen
oder dramatisch=musikalischen Werken, welche ohne Absicht
auf Gewinn veranstaltet wird, wenn auch aus derselben eine
Einnahme zum Zwecke der Kostendeckung oder zu Gunsten
eines wohlthätigen Zweckes erzielt wird;

11) durch die Benutzung musikalischer Kompositionen
für Spielwerke.

Art. 12. Wer vorsätzlich oder aus grober Fahrlässigkeit
Werke der Litteratur und Kunst unerlaubt vervielfältigt,
beziehungsweise aufführt, oder sich des Imports oder des
Verkaufs von nachgedruckten oder nachgebildeten Werken
schuldig macht, hat den Urheber oder dessen Rechtsnachfolger
auf deren Klage hin zu entschädigen.

Der Richter setzt die Höhe der Entschädigung nach
freiem Ermessen fest.

Wer ohne ein solches Verschulden eine unbefugte Ver=
vielfältigung vornimmt, oder einen Nachdruck oder eine
unerlaubte Nachbildung verbreitet, oder eine unzulässige Auf=
führung veranstaltet, kann nur auf Unterlassung weiterer
Störungen des Urheberrechtes und auf Herausgabe der Berei=
cherung (Art. 73 O.) belangt werden.

Art. 13. Wer aus Vorsatz oder grober Fahrlässigkeit
das Urheberrecht verletzt, kann überdies auf Klage des
Geschädigten je nach der Schwere der Verletzung zu einer
Geldbuße von Fr. 10 bis zu Fr. 2000 verurtheilt werden.
Wurde auch der Name oder die Marke des Urhebers oder
des Verlegers nachgebildet, so kann auf Gefängniß bis auf
ein Jahr oder zu Geldbuße und Gefängniß innerhalb der
angegebenen Begrenzung erkannt werden.

Die Theilnahme und die Versuchshandlungen werden
mit einer geringeren Strafe belegt.

Im Rückfall kann die Strafe bis auf das Doppelte
erhöht werden.

Art. 14. Die Bußen fallen in die betreffende Kantons=
kasse. Bei Ausfallung der Geldbuße hat der Richter für

den Fall der Nichteinbringlichkeit derselben eine entsprechende Gefängnißstrafe festzusetzen, welche an Stelle der ersteren tritt.

Art. 15. Die Strafverfolgung geschieht nach der Straf= prozeßordnung desjenigen Kantons, in welchem die Klage angestrengt wird. Diese kann entweder am Domizil des Angeschuldigten oder am Orte, wo das Vergehen begangen wurde, erhoben werden. In keinem Falle dürfen für das gleiche Vergehen mehrere strafrechtliche Verfolgungen eintreten.

Art. 16. Nach Einleitung der Klage können vom Richter die nöthigen versorglichen Verfügungen (Arrest, Kaution, Verbot der Weiterproduktion u. s. w.) getroffen werden.

Art. 17. Sowohl die civil= als strafrechtliche Klage ist nicht mehr zulässig, wenn mehr als ein Jahr verflossen ist, seitdem der geschädigte Urheber oder sein Rechtsnachfolger von dem Nachdruck, der Nachbildung oder der Aufführung und der Person des Schuldigen Kenntniß erlangt hat, und jedenfalls nach Ablauf von fünf Jahren von dem Tage an, wo die Veröffentlichung, die Aufführung oder der Verkauf des nachgemachten Werkes stattgefunden hat.

Art. 18. Sowohl gegen den Nachdrucker oder Nach= bildner als gegen den Importeur und Verkäufer kann der Richter nach freiem Ermessen auf Konfiskation des nach= gedruckten oder nachgebildeten Werkes erkennen. Ebenso soll es mit den speziell für den Nachdruck oder die Nachbildung bestimmten Instrumenten und Geräthschaften gehalten werden.

Wenn es sich um die Aufführung eines dramatischen oder musikalischen oder dramatisch=musikalischen Werkes handelt, so kann der Richter die Konfiskation der Einnahmen verfügen.

Das Ergebniß der Konfiskation oder die konfiszirten Einnahmen sind zunächst zur Ausbezahlung der Civilent= schädigung des Eigenthümers des Werkes zu verwenden.

Art. 19. Das gegenwärtige Gesetz findet auf alle vor dem Inkrafttreten desselben erschienenen Schriften, Kunst= werke, musikalischen Kompositionen und dramatischen oder dramatisch=musikalischen Werke Anwendung, selbst wenn die= selben nach dem bisherigen kantonalen Rechte keinen Schutz gegen Nachdruck, Nachbildung oder öffentliche Aufführung genossen hatten.

Bei Berechnung der Schutzfristen wird die seit der Veröffentlichung eines Werkes bis zum Inkrafttreten dieses Gesetzes abgelaufene Zeit in gleicher Weise angerechnet, wie wenn das Gesetz schon zur Zeit der Veröffentlichung gegolten hätte.

Wegen Nachbildungen, welche vor dem Inkrafttreten des gegenwärtigen Gesetzes stattgefunden haben, findet weder strafrechtliche noch civilrechtliche Verfolgung nach Maßgabe dieses Gesetzes statt. Dagegen ist der Verkauf derselben nach dem Inkrafttreten des Gesetzes nur gestattet, wenn der Eigenthümer sich hierüber mit dem Autor verständigt, oder in Abgang einer Verständigung die Entschädigung, welche vom Bundesgerichte festzusetzen ist, geleistet hat.

Art. 20. Die durch Art. 2 bestimmte, den bisherigen gesetzlichen Vorschriften gegenüber verlängerte Schutzfrist kommt dem Urheber und dessen Erben, nicht aber dem Verleger oder einem anderen Cessionare, zu gut. Ist die Schutzfrist nach gegenwärtigem Gesetze kürzer, so bleiben die nach bisherigen gesetzlichen Vorschriften erworbenen, Rechte gleichwohl fortbestehen.

Art. 21. Das gegenwärtige Gesetz tritt mit dem 1. Januar 1884 in Kraft.

Durch dieses Gesetz werden die mit demselben in Widerspruch stehenden Bestimmungen der kantonalen Gesetze und Verordnungen und im besonderen das Konkordat vom 3. Dezember 1856 (Amtl. Sammlung Bd. V, S. 494—497) aufgehoben.

Art. 22. Der Bundesrath wird beauftragt, auf Grundlage der Bestimmungen des Bundesgesetzes vom 17. Juni 1874, betreffend die Volksabstimmung über Bundesgesetze und Bundesbeschlüsse, die Bekanntmachung dieses Gesetzes zu veranstalten.

Lit. XIII.

Verlagsvertrag nach dem Schweizerischen Obligationen-Recht.

Art. 372. Durch den Verlagsvertrag verpflichten sich der Urheber eines litterarischen oder künstlerischen Werkes ober seine Rechtsnachfolger (Verlaggeber), das Werk einem Verleger zum Zwecke der Herausgabe zu überlassen, der Verleger dagegen, das Werk zu vervielfältigen und in Vertrieb zu setzen.

Art. 373. Durch den Verlagsvertrag wird, vorbehältlich besonderer Vereinbarungen, das Urheberrecht insoweit und auf solange dem Verleger zur Ausübung übertragen, als dasselbe dazu dient, den Verlag zu sichern.

Art. 374. Der Verlaggeber hat dem Verleger dafür einzustehen, daß er zur Zeit des Vertragsabschlusses zu der Verlagsgabe berechtigt war.

Er hat, wenn das Werk vorher ganz oder theilweise einem Dritten in Verlag gegeben oder sonst mit seinem Wissen veröffentlicht war, dieses vor dem Vertragsabschlusse zu erklären.

Art. 375. Solange die Auflagen des Werkes, zu denen der Verleger berechtigt ist, nicht vergriffen sind, darf der Verlaggeber weder über das Werk im ganzen noch über einzelne Theile desselben zum Nachtheile des Verlegers anderweitig verfügen.

Art. 376. Zeitungsartikel und einzelne kleinere Aufsätze in Zeitschriften darf der Verlaggeber jederzeit weiter veröffentlichen. Beiträge am Sammelwerke oder größere Beiträge an Zeitschriften darf der Verlaggeber nicht vor Ablauf von drei Monaten nach dem vollständigen Erscheinen des Beitrages weiter veröffentlichen.

Art. 377. Wurde über die Anzahl der Auflagen nichts bestimmt, so ist der Verleger nur zu einer Auflage berechtigt. Die Stärke der Auflage ist, wenn darüber nichts vereinbart wurde, vom Verleger festzusetzen. Er hat auf Verlangen des Verlaggebers wenigstens so viele Exemplare drucken zu lassen, als zu einem gehörigen Umsatze erforderlich sind, und darf nach Vollendung des ersten Druckes keine neuen Abdrücke veranstalten.

Art. 378. Der Verleger ist verpflichtet, das Werk ohne Kürzungen, ohne Zusätze und ohne Abänderungen, wenn dieselben nicht vom Verlaggeber gestattet sind, in angemessener

Ausstattung zu vervielfältigen, für gehörige Anzeige zu sorgen und die üblichen Mittel für den Absatz zu verwenden.

Die Preisbestimmung hängt von dem Ermessen des Verlegers ab, doch darf er nicht durch übermäßige Preisforderung den Absatz hindern.

Art. 379. Der Urheber behält, so lange er die Fähigkeit besitzt, auch das Recht, solche Berichtigungen und Verbesserungen an seinem Werke vorzunehmen, welche er für nöthig erachtet; verursacht er aber dem Verleger unvorhergesehene Kosten, so hat er diesem Ersatz zu leisten.

Der Verleger darf keine neue Ausgabe oder Auflage machen und keinen neuen Abbruck vornehmen, ohne zuvor dem Urheber Gelegenheit zu verschaffen, die nothwendigen Verbesserungen anzubringen.

Dieses Recht steht dem Urheber persönlich zu; es geht nicht auf die Erben über.

Vorbehalten bleibt die Einsprache des Verlegers gegen solche Aenderungen, welche seine Verlagsinteressen oder seine Ehre verletzen oder seine Verantwortlichkeit steigern.

Art. 380. Wurde das Verlagsrecht für mehrere Auflagen oder für alle Auflagen übertragen und versäumt es der Verleger, eine neue Auflage zu veranstalten, nachdem die letzte vergriffen ist, so kann der Verlaggeber demselben gerichtlich eine Frist zur Herstellung einer neuen Auflage ansetzen lassen, nach deren fruchtlosem Ablauf der Verleger sein Recht verwirkt.

Art. 381. Ist die besondere Ausgabe mehrerer einzelner Werke desselben Urhebers zum Verlage überlassen worden, so giebt dieses dem Verleger nicht auch das Recht, eine Gesammtausgabe dieser Werke zu veranstalten.

Ebensowenig hat der Verleger, welchem eine Gesammtausgabe der sämmtlichen Werke oder einer ganzen Gattung von Werken desselben Urhebers überlassen worden ist, das Recht, von den einzelnen Werken besondere Ausgaben zu veranstalten.

Art. 382. Das Recht, eine Ueberetzung des Werkes zu veranstalten, bleibt, wenn nichts anderes mit dem Verleger vereinbart ist, ausschließlich dem Verlaggeber vorbehalten.

Art. 383. Ein Honorar an den Verlaggeber gilt als

stillschweigend vereinbart, wenn nach den Umständen die Ueber-
lassung des Werkes nur gegen ein Honorar zu erwarten war.
Die Größe desselben bestimmt der Richter auf das Gutachten
von Sachverständigen.

Art. 384. Hat der Verleger das Recht zu mehreren
Auflagen, so wird vermuthet, daß für jede folgende von ihm
veranstaltete Auflage dieselben Honorar- und übrigen Ver-
tragsbedingungen gelten, wie für die erste Auflage.

Art. 385. Das Honorar wird fällig, sobald das ganze
Werk, oder wenn es in Abtheilungen (Bänden, Heften,
Blättern) erscheint, sobald die Abtheilung gedruckt ist und
ausgegeben werden kann.

Art. 386. Wird das Honorar ganz oder theilweise von
dem erwarteten Absatze abhängig gemacht, so ist der Verleger
zu übungsgemäßer Abrechnung und Nachweisung des Absatzes
verpflichtet.

Art. 387. Geht das Werk nach seiner Ablieferung an
den Verleger durch Zufall unter, so ist der Verleger zur
Zahlung des Honorars verpflichtet.

Besitzt der Autor noch ein zweites Exemplar des untergegangenen Werkes, so hat er dasselbe dem Verleger zu überlassen; kann er das Werk mit geringer Mühe wieder herstellen,
so ist er auch dazu verpflichtet; beides gegen angemessene
Entschädigung.

Art. 388. Geht die vom Verleger bereits hergestellte
Auflage des Werkes ganz oder zum Theil durch Zufall unter,
bevor der Vertrieb begonnen hat, so ist der Verleger berechtigt, die untergegangenen Exemplare auf eigene Kosten
neu herzustellen, ohne daß der Verlaggeber ein neues Honorar dafür fordern kann.

Art. 389. Der Verlagsvertrag erlischt, wenn der Urheber vor der Vollendung des Werkes stirbt oder unfähig oder
ohne sein Verschulden verhindert wird, dasselbe zu vollenden.

Ausnahmsweise kann der Richter, wenn die ganze oder
theilweise Fortsetzung des Vertragsverhältnisses möglich und
billig erscheint, dieselbe bewilligen und das Nöthige anordnen.

Art. 390. Geräth der Verleger in Konkurs, so kann
der Verlaggeber das Werk einem andern Verleger übertragen,

wenn ihm nicht für Erfüllung der zur Zeit der Konkurs= eröffnung noch nicht verfallenen Verlagsverbindlichkeiten Sicherheit geleistet wird.

Art. 391. Wenn einer oder mehrere Verfasser nach einem ihnen vom Verleger vorgelegten Plane die Bearbeitung eines Werkes übernehmen, so haben sie nur auf das bedungene Honorar Anspruch. Dem Verleger steht in der Folge das freie Verlagsrecht zu.
